GOUVERNEMENT GÉNÉRAL DE L'ALGÉRIE

DIRECTION DES AFFAIRES INDIGÈNES

QUELQUES ASPECTS DE LA VIE SOCIALE ET DE L'ADMINISTRATION DES INDIGÈNES EN ALGÉRIE

ALGER
IMPRIMERIE ORIENTALE FONTANA FRÈRES
3, RUE PÉLISSIER, 3
1922

GOUVERNEMENT GÉNÉRAL DE L'ALGÉRIE

DIRECTION DES AFFAIRES INDIGÈNES

QUELQUES ASPECTS

DE LA

VIE SOCIALE

ET DE

L'ADMINISTRATION DES INDIGÈNES

EN ALGÉRIE

ALGER
IMPRIMERIE ORIENTALE FONTANA FRÈRES
3, RUE PELISSIER, 3

1922

LA PROPRIÉTÉ FONCIÈRE EN ALGÉRIE

CHAPITRE I

§ 1er. — Aperçu de la Législation musulmane.

La loi musulmane, qui ne repose pas sur un texte codifié mais sur un livre saint, le Koran, et sur la tradition orale, juridique ou scolastique, ne contient aucune réglementation cohérente de la propriété foncière : on en déduit seulement diverses prescriptions éparses et parfois contradictoires.

L'un des plus célèbres commentateurs, Sidi Khalil, résume ces règles ainsi qu'il suit :

Les territoires des pays conquis deviennent ouakif ou habous, c'est-à-dire qu'ils sont immobilisés. (Trad. de Perron, tome II, p. 269.)

Dans le cas de capitulation, les habitants sont maintenus en possession, sauf paiement du tribut; ils peuvent vendre et disposer. (Perron, tome II, p. 293 à 295.)

Les terres qui n'ont subi de la part de personne le fait d'appropriation, sont terres mortes ; elles n'appartiennent à personne et sont acquises au premier occupant par leur vivification ou mise en valeur. (Perron, tome V, p. 3 et suivantes.)

La vivification entraîne le droit de jouir d'une surface adjacente qui se prolonge jusqu'à une distance égale à celle que pourrait atteindre, par exemple, un bûcheron ou un pâtre qui, partant au point du jour, iraient, l'un faire du bois, l'autre faire paître son troupeau, et qui, ayant rempli leur tâche, rentreraient au pays avant le coucher du soleil.

La propriété s'établit encore au moyen de concessions faites

1° Territoires Beylik

Le Gouvernement turc était propriétaire de vastes territoires désignés, dans le département de Constantine, sous le nom d'azel, dont il disposait au mieux de ses intérêts : tantôt il percevait directement le revenu sous forme de fermage; tantôt il en faisait l'attribution à titre d'apanage à un prince, à un fonctionnaire ou même à un service public.

Les indigènes qui les occupaient étaient de simples métayers; ils payaient un fermage (hokor), plus l'impôt ; en outre, ils devaient un certain nombre de corvées et de prestations plus ou moins facultatives.

Le beylik avait, en outre, la disposition des terres mortes tant qu'elles n'étaient l'objet d'aucune vivification ; les bois et forêts lui appartenaient à titre privé ; il était maître également des mines et des carrières.

2° Territoires Maghzen.

Les forces militaires dont disposaient les Turcs pour maintenir le pays sous leur domination étaient peu nombreuses ; pour y suppléer, ils avaient constitué des colonies militaires désignées sous le nom de Maghzen. Profitant des désordres régnant dans le pays, les favorisant même parfois pour les besoins de leur politique, ils s'emparaient du territoire des tribus rebelles ou qui refusaient de payer l'impôt, le confisquaient et l'attribuaient aux gens du Maghzen.

Un traité intervenait alors entre les représentants du Gouvernement et les familles indigènes admises à entrer dans le Maghzen. Chaque chef de famille recevait un lot de terre, des instruments de travail, des armes et un cheval. En échange, il s'engageait à fournir, à toute réquisition, un service militaire, organisé sous les ordres d'un caïd, consistant à assurer tant la répression des mouvements insurrectionnels que la perception des impôts.

Des tribus furent ainsi constituées dans toute l'Algérie, sur les points stratégiques les mieux choisis.

Les concessions territoriales faites aux gens du Maghzen, outre qu'elles étaient toujours résolubles, au gré du Gouvernement, pour défaut d'exécution des conditions imposées, n'attribuaient pas à leurs bénéficiaires des droits partout uniformes : dans quelques tribus, les indigènes pouvaient disposer des terres reçues comme de leurs biens propres, les aliéner, les partager ; dans d'autres, au contraire, et c'était la généralité, ils étaient placés dans l'état de simples possesseurs, ne pouvant ni céder leur droit de jouissance à un étranger ni le transmettre par décès à d'autres que leurs descendants mâles.

En un mot, dans les tribus Maghzen, la possession du sol était essentiellement précaire.

3° Territoires Melk.

Les terres melk appartenaient aux occupants en pleine propriété, dans les conditions déterminées par la loi musulmane.

Elles étaient libres, aliénables à la volonté du possesseur, soumises au droit commun, donnant à celui qui en est le propriétaire le droit d'en disposer et d'en jouir de la manière la plus absolue. Elles étaient fréquemment possédées à l'état d'indivision par une nombreuse famille, surtout dans les pays arabes, car en Kabylie, au contraire, le goût de la possession privative va jusqu'à se manifester dans le partage, branche par branche, d'un seul arbre.

L'indivision en pays arabe tient à plusieurs causes : à la législation coranique qui la voit d'un œil favorable et la multiplie par l'admission des époux dans la dévolution sucessorale ; à la constitution de la famille musulmane qui professe un grand respect pour l'autorité patriarcale de son chef ; enfin, aux dispositions peu laborieuses des populations arabes qui, en pratiquant une vie commune, peuvent se suffire sans grands efforts.

Par suite de l'état de guerre presque permanent qui existait dans les tribus et des difficultés que rencontrait leur conservation, les titres qui constataient la propriété de ces terres étaient peu nombreux. Dressés par des écrivains sans caractère officiel, toujours suspects de falsification et informes, ils n'offraient aucune garantie ; en outre, faute d'indications précises, ils ne pouvaient être appliqués sur les lieux que sous condition de la plus large tolérance.

D'ailleurs, que la propriété melk reposât sur un titre écrit ou sur la simple possession, ce qui était le cas le plus général, sa consistance était toujours mal définie. Pour s'en faire une idée, il suffit de signaler que la contenance des immeubles n'était jamais spécifiée autrement que par les mots sekka (soc de charrue), djebda (joug) ou zouidja (paire de bœufs), signifiant l'espace qu'une charrue attelée d'une paire de bœufs laboure en une saison. Cet espace est essentiellement variable ; il est de 5 à 6 hectares en montagne et de 10 hectares environ en plaine; de plus, dans les terrains cultivés formant une sekka, se rencontrent souvent des espaces en friche qui font partie de la sekka et qui en augmentent sensiblement la superficie.

4° Territoires Arch ou Sabega.

On a défini comme suit cette tenure particulière :

Le fonds (du bien arch ou sabega) était réputé appartenir au Souverain, qui en abandonnait la jouissance à la tribu. Celle-ci usait de cette jouissance comme elle l'entendait, mais sans pouvoir aliéner le fonds. Chaque tribu était libre d'adopter un mode de jouissance particulier, suivant les besoins ou les nécessités de la communauté. Toutefois, la règle à peu près générale était que tout membre de la tribu avait droit à la jouissance des superficies qu'il était à même de mettre en valeur. Le premier occupant conservait la jouissance de la terre, *tant qu'il pouvait continuer à la vivifier,* et il la transmettait dans les mêmes conditions à ses héritiers mâles en ligne directe. Cette transmission s'opérait même parfois en ligne collatérale à défaut d'héritiers directs. (Vignard, Conseil supérieur, séance du 5 décembre 1882.)

Par des raisons politiques qu'il est inutile de développer ici, les femmes étaient exclues, en principe, de la jouissance du sol. Par les mêmes raisons, qui se résumaient dans la nécessité de conserver l'homogénéité de la communauté, les cultivateurs des tribus ne pouvaient consentir, sur les terres dont ils jouissaient, aucun contrat de louage, d'échange, d'hypothèque ou autres, impliquant le titre de propriétaire.

Toutefois, en compensation de son exclusion de la jouissance du sol, la femme avait toujours droit de réclamer sa place sous la tente du chef de famille, sa nourriture et son entretien.

Si le détenteur meurt sans postérité, si la terre revient à l'état de friche, la djemâa a le droit d'en disposer.

Ces règles diffèrent sensiblement des statuts concernant la propriété privée ; les différences entre la tenure melk et la collective s'accusaient surtout :

1° Par l'inaliénabilité ;

2° Par l'obligation de continuer de vivifier le sol pour conserver la jouissance ;

3° Par les modifications apportées à l'ordre successoral ;

4° Par l'interdiction du droit de location ou de tout autre mode de jouissance autre que l'exploitation directe du sol par l'usager.

Pour ces raisons, les terres des tribus étaient placées en dehors de la juridiction des cadis et tous les différends qui s'élevaient à leur endroit étaient déférés à l'autorité administrative, c'est-à-dire à la djemâa ou aux fonctionnaires du Beylik et jugés suivant les us et coutumes locaux.

Il y avait donc en Algérie, avant 1830, deux genres de propriété : d'un côté, le melk, bien possédé à titre privatif, régi par les statuts de la loi musulmane ; de l'autre, le blad el arch, la terre de tribu, bien impersonnel, possédé par des communautés et régi par les us et coutumes locaux, résultant de nécessités locales.

A cette nomenclature, il convient d'ajouter les terres du Sahara où tout système foncier n'est que fonction du régime des eaux.

Tel était, exposé aussi succinctement que possible, l'état de la propriété en Algérie avant la conquête. Il est caractérisé par l'insécurité résultant des charges occultes (habous, rahnias et tsénias), par le défaut de toute précision dans la consistance des biens ruraux, par le communisme des terres melk, par l'indécision des droits des détenteurs des terres maghzen, arch ou sabega, en un mot, par l'absence des éléments essentiels à la propriété et nécessaires à tout progrès.

CHAPITRE II

REGIME FONCIER DE L'ALGERIE DE 1830 A 1851

—

§ 1. — Arrêtés gouvernementaux de 1830 à 1844.

Les années qui ont suivi la conquête ont eu nettement le caractère d'une période de « chaos complet ». Profitant de l'expulsion des fonctionnaires et administrateurs turcs et de la perte des archives, les indigènes s'attribuèrent des quantités de terrains sur lesquels ils n'avaient aucun droit, plus particulièrement les biens domaniaux, les azels, qu'ils vendaient d'ailleurs, sans attendre, aux spéculateurs qui s'étaient abattus sur l'Algérie après les armées.

L'agiotage était intense. On achetait, on revendait tout, même ce qui n'existait pas, à n'importe quel prix.

Le général qui commandait en chef à Alger s'émut de cette situation et, par un arrêté du 8 septembre 1830, il attribua au Domaine de l'Etat tous les biens du Beylik et des Turcs émigrés, et ceux affectés aux villes saintes ; le 7 décembre suivant, un nouvel arrêté attribua également au Domaine le revenu de ces derniers immeubles.

Un arrêté de l'intendant civil du 28 mai 1832 installa le régime hypothécaire français à Alger, Oran et Bône et ordonna l'inscription sur des registres tenus aux greffes de ces villes de toutes les transactions immobilières, y compris les baux excédant neuf années.

Pour reconnaître les nouveaux immeubles attribués au Domaine, l'arrêté du 1er mars 1833 fixa un délai dans lequel tous les titres des propriétés devraient être déposés pour vérification, ajoutant que, faute de titres, les terres seraient réunies au Domaine. Ces dispositions, très rigoureuses, ne reçurent pas d'application et durent être rapportées en partie par l'arrêté du général en chef du 26 juillet 1834.

La fièvre de la spéculation n'en continua pas moins : tous les règlements pris, transitoires et incertains, étaient impuissants à conjurer le mal ; ils ne prévoyaient aucun moyen permettant de réparer les irrégularités existant dans les contrats de vente. Aussi, toute une série de nouveaux arrêtés interdit-elle un peu partout dans la Colonie et jusqu'à nouvel ordre, toute transaction immobilière entre Européens et Indigènes, frappant de nullité les contrats constatant des transactions dans ces territoires.

Pour remédier à cette situation pleine de périls, une commission fut instituée en 1842 pour élaborer un projet de régime foncier solide et durable : le résultat de ses travaux fut l'ordonnance du 1er octobre 1844.

§ 2. — Ordonnance de 1844.

Cette ordonnance a eu pour but de liquider le passé et d'inaugurer pour l'avenir un régime capable d'assurer la sécurité des transactions tout en contribuant au développement de la colonisation.

Elle réglemente : 1° les acquisitions d'immeubles ; 2° le rachat des rentes ; 3° les prohibitions d'acquérir ; 4° l'expropriation pour cause d'utilité publique, et 5° les terres incultes

D'après ces premières dispositions, les ventes consenties par les cadis pour les mineurs et les absents, par les maris pour leurs femmes, par les pères pour leurs enfants, par les chefs de famille pour les membres de la famille, ne peuvent être arguées de nullité; tout bail à rente est considéré comme perpétuel et emporte transmission définitive de la propriété ; aucun acte consenti par un indigène à un Européen et portant aliénation d'un immeuble habousé ne peut être attaqué pour cause d'inaliénabilité de l'immeuble ; toute action réelle intéressant un Européen doit être portée devant le tribunal français de la situation des biens ; toute action en nullité ou en rescision de ventes antérieures ou en revendication d'immeubles compris dans ces ventes doit, sous peine de déchéance, être intentée dans le délai de deux ans ; tout acquéreur peut exiger le dépôt des titres anciens dans l'étude d'un notaire ; enfin, les ventes faites par l'Etat sont confirmées, sauf remboursement du prix.

Pour l'avenir, l'ordonnance autorisa les acquéreurs d'immeubles à exiger la remise des titres de propriété ou leur dépôt dans une étude de notaire, et elle soumit à la loi française toutes les contestations entre Européens et Indigènes en matière immobilière. En outre, pour reconnaître et augmenter le Domaine de l'Etat en vue de la colonisation, elle prescrivit la vérification des titres des possesseurs du sol et même frappa d'un impôt spécial et annuel de cinq francs par hectare les terres laissées incultes.

Mais la mise en valeur des formalités du recensement des propriétés suscita de nombreux procès dont les retards et les frais nécessitèrent, dès 1846, la réforme de l'œuvre entreprise.

§ 3. — Ordonnance du 21 Juillet 1846.

Cette ordonnance s'attacha surtout à perfectionner l'application de celle de 1844. Ele décida que toute propriété située dans un périmètre de colonisation déterminé serait délimitée par les soins de l'administration et que les titres seraient produits par les prétendus propriétaires dans un délai de trois mois, sous peine de déchéance.

Pour ne pas surcharger les tribunaux judiciaires, le travail de vérification fut confié à un *Conseil du Contentieux,* la juridiction civile restant seulement compétente pour la question de propriété. Les titres étaient transmis à ce Conseil qui déclarait réguliers en la forme ceux remontant, avec date certaine, à une époque antérieure au 5 juillet 1830, et constatait le droit de propriété, la situation précise, la consistance et les limites de l'immeuble. Si les titres présentés ne remplissaient pas les conditions exigées, le Conseil du Contentieux en prononçait la nullité et les terrains étaient attribués au Domaine de l'Etat comme vacants et sans maîtres. Un tempérament était, toutefois, accordé au propriétaire ainsi dépouillé ; il pouvait recevoir une concession.

Enfin, cette ordonnance, confirmant à cet égard celle de 1844, décidait que l'inculture des terres suffisait à en motiver l'expropriation pour cause d'utilité publique.

Les deux ordonnances de 1844 et 1846 ont instauré certains principes durables (substitution de l'autorité administrative aux tribunaux judiciaires dans l'œuvre de reconnaissance de la propriété, nécessité de prouver ses droits par des titres en forme), mais les difficultés d'application considérables qui s'élevèrent furent telles qu'après la Révolution de 1848, au bout de quatre ans, on dût s'arrêter : la délimitation n'avait porté que sur le Sahel d'Alger, la Mitidja et les environs de Bône et d'Oran ; au total, 26,000 kilomètres carrés.

CHAPITRE III

LOI DU 16 JUIN 1851 ET CANTONNEMENT

§ 1. — La Loi de 1851.

Dans le courant de l'année 1850, une Commission spéciale de l'Assemblée Nationale et le Gouvernement préparèrent, l'un et l'autre, un projet de loi sur la constitution de la propriété en Algérie. Le texte intervenu est encore fondamental à bien des égards : il indique notamment la composition en Algérie des Domaines publics de l'Etat, des départements et des communes ; il organise le régime de la propriété privée et réglemente l'expropriation et l'occupation temporaire pour cause d'utilité publique.

En ce qui concerne la propriété privée, la loi de 1851, pour la soustraire à la confusion et aux fraudes, et pour lui donner plus de stabilité, pose les principes essentiels suivants : 1° la propriété est inviolable sans distinction entre les possesseurs indigènes et les possesseurs français ou autres; 2° sont consacrés tels qu'ils existaient au moment de la conquête ou tels qu'ils ont été maintenus, réglés ou constitués postérieurement par le Gouvernement français, les droits de propriété et de jouissance appartenant aux particuliers, aux tribus et aux fractions de tribus ; 3° ces droits ne peuvent être aliénés au profit de personnes étrangères à la tribu, sauf au profit de l'Etat ; 4° l'action en retrait ou droit de chefâa est maintenue, sous cette réserve que les tribunaux français prononceront sur la demande et autoriseront ou non le retrait, selon la nature de l'immeuble et les circonstances ; 5° enfin, les transactions immobilières sont régies par le droit musulman lorsqu'elles ont eu lieu entre musulmans, et par le Code civil entre toutes autres personnes.

Cette loi, qu'on a appelé la charte foncière de l'Algérie, a réalisé de notables progrès, mais des reproches de plusieurs sortes peuvent aussi lui être faits.

Elle s'est abstenue, tout en les sanctionnant, de définir les droits de propriété et de jouissance appartenant aux tribus, et de déterminer les caractères auxquels on pourrait les reconnaître. Faute de ce faire, la nature de ces droits est restée indécise et a continué d'être livrée aux controverses les plus vives ; par suite, selon les idées qui ont successivement prévalu, la propriété des tribus a été soumise plus tard à des traitements qui n'avaient peut-être pas été dans les vues du législateur.

En second lieu, la loi déclare que les transmissions de biens seront régies entre musulmans par la loi musulmane et entre tous autres par le Code civil. Cette disposition, reproduite des ordonnances et arrêtés antérieurs, a de graves conséquences ; elle permet à un immeuble provenant d'une concession de l'Etat, par exeemple, et régi par la loi française, de tomber sous le régime de la loi musulmane. Il suffit que cet immeuble soit acquis par un musulman pour qu'il soit, dans l'avenir, soumis à toutes les causes d'insécurité dérivant de la loi musulmane, et ces causes sont multiples, puisque, en droit musulmant, tous les contrats, quelle qu'en soit l'importance, peuvent être établis par la preuve testimoniale. Il n'est pas besoin d'insister pour faire ressortir combien était regrettable une situation semblable. Comme on le verra plus loin, la loi du 26 juillet 1873 a réparé cette imperfection.

Enfin, la loi de 1851 avait le tort de frapper d'interdiction l'aliénation des terrains dépendant du sol des tribus; par là, elle faisait obstacle à l'expansion de la colonisation libre et au progrès du pays.

Aussi, les résultats sur lesquels on comptait ne furent-ils qu'imparfaitement atteints.

§ 2. — Le Cantonnement.

Le législateur de 1851 n'avait pas persisté dans la voie des ordonnances de 1844 et 1846, qui avaient tenté de faire profiter le Domaine de l'Etat des terres incultes. Or, les terres de colonisation ne tardèrent pas à manquer et il fallut rechercher un moyen de favoriser l'élan toujours croissant de l'élément colonisateur. On crut trouver la solution dans les terres arch ou sabega. Une connaissance plus approfondie des mœurs et des coutumes indigènes démontra que le possesseur de ces terres n'en avait que la jouissance et souvent même une jouissance précaire. Aussi, le Gouvernement se considéra-t-il comme légalement fondé à imposer un partage au détenteur et à revendiquer une part personnelle. Il était d'autant plus porté à ne pas négliger de le faire qu'il savait, d'après les statistiques établies, que les indigènes disposaient de plus de terres (1/5ᵉ environ) qu'ils ne pouvaient en utiliser pour la culture et le parcours, et qu'il pourrait prélever sur le reliquat disponible les espaces jugés nécessaires à l'expansion de la colonisation.

C'est sous l'influence de ces idées qu'il fut amené à mettre en pratique l'opération qu'on a désignée sous le nom de cantonnement, par analogie avec ce qui a lieu en matière forestière. Cette opération consistait en une sorte de transaction par laquelle l'Etat, nu-propriétaire, et les indigènes, usufruitiers, étaient censés faire masse de leurs droits, et en opéraient le partage au mieux de leurs intérêts. Par l'effet du partage, l'Etat et les indigènes devenaient propriétaires incommutables des terrains qui leur étaient attribués ; ils renonçaient, par contre, à toute prétention sur les terrains qui n'entraient pas dans leurs lots.

Les opérations portèrent sur quelques tribus seulement, représentant une superficie totale de 343,387 hectares sur laquelle les indigènes ont reçu 282,024 hectares, soit les 5/6ᵉˢ et l'Etat 61,363 hectares soit 1/6ᵉ environ. En outre, on songea à constituer la propriété individuelle chez les indigènes pourvus collectivement : 46,000 hectares furent ainsi répartis. Les titres, établis sur un modèle uniforme et dépourvus de toute clause restrictive, attribuent les terrains aux indigènes nominativement désignés, en toute propriété, avec faculté d'en jouir et disposer en toute liberté, conformément aux lois.

Jusque là, les règles qui régissaient l'exécution du cantonnement ne reposaient que sur des instructions administratives; aussi, quoique conduites dans un esprit de modération et d'équité, les opérations rencontraient-elles parfois des difficultés inhérentes à l'absence de toute disposition légale.

Il paraissait indispensable de combler la lacune de la législation ; un projet de décret tendant à généraliser le système du cantonnement sur des bases plus larges fut préparé mais ne put aboutir. Le voyage de l'Empereur en Algérie, ses idées personnelles, les nouvelles exigences de notre politique algérienne orientée désormais dans un sens tout différent, amenèrent la suspension, puis l'abandon des opérations de cantonnement et l'élaboration d'un nouveau texte législatif.

CHAPITRE IV

LE SENATUS-CONSULTE DE 1863 ET LES DECRETS DE 1863 ET DE 1887

§ 1. — Le Sénatus-Consulte.

La disposition principale de ce sénatus-consulte consiste à déclarer les tribus de l'Algérie propriétaires des territoires dont elles ont la jouissance permanente et traditionnelle, à quelque titre que ce soit ; elle tranche ainsi la question devant laquelle avait reculé le législateur de 1851 et substitue un fait matériel, la jouissance continue, aux constatations légales qu'exigeait la loi de 1851, comme preuve de la propriété des tribus. Une seule restriction est apportée à ce généreux abandon des anciennes prétentions de l'Etat sur le sol des tribus, c'est que, par application du principe de non-rétroactivité, tous les actes, partages ou distractions de territoires intervenus entre l'Etat et les indigènes sont confirmés ; en d'autres termes, tous les prélèvements opérés par l'Etat sur les territoires des tribus sont sanctionnés et rendus définitifs. Ainsi sont mis à l'abri de toute contestation tous les terrains qui ont été concédés aux colons et tous ceux qui sont entre les mains de l'Etat et qui forment sa réserve pour le développement ultérieur de la colonisation.

Outre la déclaration fondamentale qui investit les tribus de la propriété des territoires qu'elles occupent, le sénatus-consulte a pour objet la constitution de la propriété individuelle parmi les indigènes. Dans ce but, il prescrit la délimitation des territoires et tribus, leur répartition entre les différents douars de chaque tribu, la détermination des biens communaux, puis l'établissement de la propriété individuelle entre les membres des douars.

Il ajoute que sont réservés les droits de l'Etat à la propriété des biens beylik et ceux des propriétaires des biens melk ; sont également réservés le domaine public et le domaine de l'Etat tels qu'ils sont définis par la loi de 1851.

De plus, le sénatus-consulte rend les biens melk librement

transmissibles entre toutes personnes, étrangères ou non à la tribu, tandis qu'il renforce l'inaliénabilité des terres collectives jusqu'à en conditionner la vente par la délivrance préalable de titres individuels.

§ 2. — Décret-Règlement du 23 Mai 1863.

Pour assurer l'application des principes posés par le Sénatus-Consulte, le règlement du 23 mai 1863 détermine, avec une grande précision, toutes les opérations qui doivent être exécutées par des *Commissions administratives* spéciales, après que des décrets auront désigné les tribus qui doivent être sénatus-consultées :

1° Le territoire de ces tribus est délimité; la délimitation, après examen et solution des contestations, est consacrée par un plan et devient définitive après homologation par décret ;

2° Le territoire de la tribu est ensuite réparti entre les douars; chaque douar est délimité et borné dans les mêmes conditions; des communaux de parcours lui sont attribués dans la limite des possibilités;

3° Enfin, l'opération finale doit être l'établissement de la propriété individuelle entre les membres des douars, partout où cette mesure est possible et opportune.

§ 3. — Premiers Résultats du Sénatus-Consulte.

Les deux premières opérations (délimitation des tribus et répartition des territoires entre les douars) furent immédiatement commencées et poursuivies avec activité jusqu'en 1870; la guerre franco-allemande ne permit pas de les continuer et une circulaire du Commissaire extraordinaire de la République, du 19 décembre 1870, prescrivit de les suspendre.

L'œuvre du sénatus-consulte dégagée, dans la plupart des cas, des questions relatives à la propriété melk, a produit des résultats dont l'importance ne saurait être méconnue et que montre le tableau suivant :

NOMBRE de TRIBUS soumises aux opérations du Sénatus-Consulte	NOMBRE de DOUARS créés par les décrets de répartition	POPULATION	SUPERFICIE des BIENS de l'État	SUPERFICIE des BIENS communaux	SUPERFICIE des BIENS MELK ou de propriété privée	SUPERFICIE des BIENS collectifs	DOMAINE PUBLIC	SUPERFICIE TOTALE
			hectares	hectares	hectares	hectares	hectares	hectares
372	667	1.037.066	1.003.072	1.336.492	2.840.591	1.523.013	180.643	6.883.811

Au contraire, en ce qui concerne la constitution de la propriété individuelle, but final du législateur de 1863, il se trouvait, en 1870, que le seul douar Tilmouni (arrondissement de Sidi-bel-Abbès), avait ses terres collectives (7,355 hectares) réparties entre leurs détenteurs.

§ 4. — Décret du 22 Septembre 1887.

L'œuvre du Sénatus-Consulte ne devait cependant pas être ainsi close. Comme on le verra plus loin, à propos de la loi de 1873, la nécessité se fit bientôt sentir de délimiter les tribus qui ne l'étaient pas encore et de reprendre l'application du Sénatus-Consulte. Cette reprise fut prescrite par la loi du 28 avril 1887 et opérée conformément aux instructions du décret du 22 septembre 1887.

Dans l'ensemble, la nouvelle procédure est sensiblement la même que celle de 1863, mais elle en diffère par de nombreuses simplifications ou innovations nécessaires : publicité des opérations; réalisation de celles-ci par des *Commissaires-délimitateurs spéciaux;* homologation définitive par arrêté du Gouverneur et non plus par décret; réserve, dans ces arrêtés, des immeubles objets d'actions judiciaires dont l'issue décidera du classement définitif des biens litigieux, etc...

Le sénatus-consulte a été régulièrement appliqué dans ces conditions depuis 1887 et il a donné des résultats qu'on peut résumer comme suit :

Superficies des terrains soumis aux opérations du Sénatus-Consulte

NOMBRE DES TRIBUS soumises aux opérations	NOMBRE DES DOUARS créés	BIENS CLASSÉS dans le domaine de l'État	SUPERFICIES TOTALES
1° — *Jusqu'à la fin de 1870*			
372	667	1.003.072 hectares	6.883.811 hectares
2° — *Depuis 1887 (date de la reprise des opérations)*			
316	524	3.114.792 hectares (dont 1.179.664 hectares de forêts)	9.752.695 hectares
688	1.191	4.117.864 hectares	16.636.506 hectares

Le Sénatus-Consulte a porté sur 16,636,506 hectares.

Les tableaux suivants montreront ce qui reste à accomplir, dans les territoires du Nord, de l'œuvre prévue par le législateur de 1863 :

SÉNATUS - CONSULTE

1° *Travaux en cours ou dont les résultats sont prêts à être homologués.*

NOMBRE DE TRIBUS		SUPERFICIES APPROXIMATIVES
Alger	11	386.545 hectares
Oran	11	1.199.198 hectares
TOTAL	22	1.785.743 hectares

Le Sénatus-Consulte est actuellement en cours sur : **1.785.743** hectares

2° *Travaux non encore entrepris*

NOMBRE DE TRIBUS		SUPERFICIES APPROXIMATIVES
Alger	12	712.443 hectares
Oran	15	770.000 hectares
TOTAL	27	1.482.443 hectares

Le Sénatus-Consulte reste à entreprendre sur : **1.482.443** hectares

Il est complètement achevé dans le département de Constantine depuis l'année 1911.

CHAPITRE V

CONSTITUTION DE LA PROPRIETE INDIVIDUELLE
(Lois de 1873, 1887 et 1897.)

—

§ 1. — La Loi du 26 Juillet 1873.

L'objet du Sénatus-Consulte ne consiste qu'à délimiter les territoires des tribus et à constater l'état de la propriété, mais nous avons vu que son but final était la constitution de la propriété individuelle; nous savons également qu'en 1870 celle-ci n'était opérée que dans un seul douar. L'opération ne devait pas tarder à être reprise dans les conditions suivantes :

A la suite des événements malheureux de 1870-71 et de l'insurrection des Arabes en 1871, le régime civil fut substitué au régime militaire et l'idée de la colonisation de l'Algérie par l'élément européen se développa de plus en plus; elle devint même la principale préoccupation de tous ceux qui s'intéressaient à la colonie, poussés d'ailleurs par les événements et en particulier par la nécessité d'établir les Alsaciens-Lorrains émigrés. Pour faire de la colonisation il fallait des terres ; pour s'en procurer, on décida de reprendre la troisième opération prévue par le Sénatus-Consulte : la constitution de la propriété individuelle, bien que l'application du Sénatus-Consulte proprement dit eût été suspendue, comme on l'a vu plus haut.

Deux projets de loi établis en 1872 et fondus en un texte unique par la Commission à laquelle ils avaient été renvoyés aboutirent à la loi du 26 juillet 1873.

Le but que s'est proposé cette loi et l'œuvre dont elle a voulu l'accomplissement peuvent ainsi être précisés :

Mettre la propriété indigène sous le régime de la loi française ;

Reconnaître et constater les droits individuels dans les territoires de la propriété privée;

Constituer la propriété individuelle dans les territoires collectifs ;

Dans l'un comme dans l'autre cas, délivrer aux ayants droit des titres formant le point de départ unique de la propriété.

En outre, à titre de mesure transitoire, faciliter la transmission aux Européens des biens de propriété privée au moyen d'une purge spéciale permettant de délivrer à l'acquéreur un titre de propriété français sans attendre l'exécution des opérations d'ensemble sur le territoire du lieu de situation de l'immeuble.

Enfin, on espérait procurer à l'Etat l'attribution de nombreux biens vacants et sans maîtres, qui seraient livrés à la colonisation.

Chacun de ces dessins a fait l'objet d'une disposition spéciale de la loi. Pour mettre la propriété indigène sous le régime français, la loi, par une innovation considérable, décide qu'à l'avenir l'établissement de la propriété immobilière en Algérie, la conservation et la transmission contractuelle des immeubles, quels que soient les propriétaires, *seront régis par la loi française*. Mais, pour ménager la transition, elle divise les immeubles que les indigènes possèdent sur le sol algérien en deux catégories.

Dans la première catégorie, elle classe les immeubles faisant partie tant des territoires qui ont été soumis à l'ordonnance du 21 juillet 1846 que des territoires où la propriété a été constituée par voie de cantonnement; on peut y comprendre aussi, quoique la loi n'en parle pas expressément, les immeubles dépendant des communes d'Alger, de Blida et d'Oran et des autres territoires qui ont été affranchis de la vérification des titres par l'ordonnance du 21 juillet 1846, ainsi que les immeubles situés dans les territoires des centres de colonisation et provenant de concessions faites par l'Etat. Les lois françaises, et notamment celle du 23 mars 1855, sont applicables, immédiatement, à toutes les conventions relatives à ces immeubles, intervenant entre musulmans comme entre toutes autres personnes.

Dans la deuxième catégorie sont compris tous les immeubles dont la propriété doit être constatée ou constituée selon les règles qui sont déterminées par la loi et qui seront indiquées ci-après.

Les conventions intéressant ces immeubles ne sont assujetties aux lois françaises que dans deux cas : lorsqu'elles sont conclues entre personnes de statuts différents, et, lorsque, la propriété ayant été constatée ou constituée, de nouveaux titres ont été délivrés aux indigènes.

Comme conséquence de ces dispositions, la loi abolit tous droits réels, servitudes ou causes de résolution, fondés sur le droit musulman ou kabyle, qui seraient contraires à la loi française. Le droit réel de la chefâa ne peut plus être opposé aux acquéreurs qu'à titre de retrait successoral, par les parents successibles, d'après le droit musulman et sous les conditions prescrites par l'article 841 du Code civil.

Une autre conséquence des dispositions édictées est celle-ci : c'est qu'une fois que les immeubles ont été placés sous le statut réel français, ils ne peuvent plus retomber sous le régime de la loi musulmane ou des coutumes kabyles.

Ces points réglés, la loi distingue la propriété indigène selon qu'elle est possédée, à titre privatif ou à titre collectif, par les membres d'une tribu ou d'un douar. Lorsqu'elle affecte le caractère privé, la propriété est soumise à une opération de *constatation,* tandis que, lorsqu'elle est collective, elle doit être *constituée* par l'attribution du sol aux membres de la tribu dans la mesure des surfaces dont chaque ayant droit a la jouissance effective; le surplus est attribué au douar comme bien communal ou à l'Etat, comme bien vacant, par application de l'article 4 de la loi du 16 juin 1851.

Le soin d'exécuter les opérations de constatation comme celles de constitution de la propriété, est confiée à l'Administration.

Pour réaliser ces prescriptions, le titre IV de la loi institue toute une procédure spéciale qui se caractérise par la conduite *d'office et d'ensemble d'enquêtes générales,* portant sur des douars entiers, effectuées par des commissaires-enquêteurs, dont les propositions, établies sur des procès-verbaux soumis à la contradiction des intéressés, devenaient définitives en l'absence de réclamations et servaient de base à l'attribution de titres de propriété par le service des Domaines. Les titres indiquant les noms des propriétaires et leurs quotes-parts individuelles au besoin, étaient immédiatement transcrits et formaient le point de départ de la propriété.

Commencés dans le courant de l'année 1874, les travaux d'application de la loi ne tardèrent pas à se révéler lents et coûteux et à se heurter à de graves difficultés. Les frais, très élevés, étaient supportés, sous forme de centimes additionnels, par tous les indigènes indistinctement, même par ceux qui ne devaient pas bénéficier de la loi avant un demi-siècle; les opérations n'avaient aucun effet sur l'indivision qui se reconstituait aussitôt après le passage du commissaire-enquêteur ; les dispositions de la loi laissaient subsister la possibilité, ruineuse pour les indigènes, de licitations scandaleuses effectuées par des spéculateurs, acquéreurs de quotes-parts infinitésimales.

L'expérience démontra rapidement que la loi, inspirée par les meilleures intentions, n'aboutissait pas aux résultats attendus. Il fallait la modifier, la compléter. D'autre part, on risquait de ne plus pouvoir l'appliquer si l'application du Sénatus-Consulte n'était pas reprise. Pour arriver à un système plus viable, de nouveaux projets furent étudiés dès 1881, soumis aux Chambres en 1884 et aboutirent, en 1887, à une nouvelle loi.

§ 2. — **La Loi du 28 Avril 1887.**

L'économie de cette loi peut se résumer ainsi :

1° Elle prescrivait de reprendre les opérations de délimitation dans les tribus non encore soumises au Sénatus-Consulte de 1863. Ces opérations se poursuivent encore à l'heure actuelle;

2° Soucieux de réduire l'indivision, le législateur accorda aux commissaires-enquêteurs le droit, en cas d'indivision entre plusieurs familles, de répartir entre elles les immeubles commodément partageables, avant la délivrance des titres;

3° Le ministère des cadis est supprimé et les cessions, licitations et partages de droits successifs, portant sur des immeubles soumis à la loi de 1873 ne peuvent plus avoir lieu que sous les formes de la loi française;

4° Les créanciers hypothécaires et autres personnes prétendant un droit réel sur un immeuble, voient prolonger le délai que leur accordait la loi de 1873 pour faire inscrire ou transcrire leurs titres aux hypothèques lors de l'établissement des titres de propriété ;

5° Les formalités de la purge spéciale instituée par la loi de 1873 sont simplifiées; en même temps, dans le cas de vente faite à un Européen, un bornage public est prescrit qui donne à l'acquéreur et aux voisins une sécurité plus grande ;

6° Par une innovation importante, les Européens sont désormais autorisés à acquérir des immeubles en terre arch, avant l'exécution sur ces territoires des opérations d'ensemble prescrites par la loi, et, pour permettre ces acquisitions, on institue pour la première fois un *système d'enquêtes partielles ;*

7° Enfin, l'article 21 relatif aux moyens financiers destinés à permettre l'exécution du plan de 1873, fait participer l'Etat et les communes intéressées aux frais des procédures d'ensemble.

En définitive, la loi de 1887 s'efforçait de perfectionner celle de 1873, visant le même but, s'inspirant du même esprit. Ses résultats auraient peut-être pu se révéler satisfaisants, lorsqu'un fait, d'une portée considérable, se produisit : un arrêt de la Cour de cassation de 1888, reconnaissant qu'un titre français antérieur était opposable au nouveau titre, instaura une jurisprudence qui démolissait tout l'échafaudage de la loi. Si bien qu'en 1891 on dût renoncer à continuer l'œuvre entreprise : le colossal effort tenté, sans toutefois avoir été aussi malfaisant que certains l'ont prétendu, aboutissait à un échec.

Les tableaux suivants montreront les résultats donnés par l'application des lois du 26 juillet 1873 et du 28 avril 1887 :

PREMIER TABLEAU

Renseignements généraux sur les territoires où la loi du 26 juillet 1873 a reçu son entière application et où les titres ont été délivrés aux intéressés.

DÉPARTEMENTS	NOMBRE des TRIBUS	NOMBRE des DOUARS ou TERRITOIRES	SUPERFICIE TOTALE des douars ou territoires	POPULATION de CES DOUARS ou territoires
			hectares	
Alger	51	100	668.277	233.822
Constantine	61	110	662.989	208.740
Oran	55	108	907.829	227.027
TOTAUX	167	318	2.239.095	669.589

DEUXIÈME TABLEAU

Répartition, par nature, des propriétés situées dans les territoires où la loi du 26 juillet 1873 a reçu son entière application et où les titres ont été délivrés aux intéressés.

DÉPARTEMENTS	SUPERFICIE des PROPRIÉTÉS privées constatées par titres français	SUPERFICIE des PROPRIÉTÉS collectives constituées par titres français	SUPERFICIE des PROPRIÉTÉS privées résultant d'actes notariés ou administratifs	SUPERFICIE DES BIENS DOMANIAUX existant avant l'application de la loi de 1873		SUPERFICIE DES BIENS DOMANIAUX provenant de l'application de la loi de 1873		SUPERFICIE des BIENS COMMUNAUX		SUPERFICIE DES BIENS DOMANIAUX contestés	SUPERFICIE DES BIENS COMMUNAUX contestés	SUPERFICIE DES BIENS attribués au département et aux établissements publics	SUPERFICIE du DOMAINE public	TOTAL
				Forêts	Autres immeubles	Forêts	Autres immeubles	existant avant l'application de la loi de 1873	provenant de l'application de la loi de 1873					
	hectares	hectares	hectares	hectares	hectares	hectares	hectares	hectares	hectares	hectares	hectares	hectares	hectares	hectares
Alger	494.491	15.146	41.239	18.661	6.647	3.398	31.667	13.271	17.254	2.969	101	10.818	12.615	668.277
Constantine	24.760	263.060	81.943	61.988	22.495	2.514	40.311	109.817	27.571	»	500	3.358	24.672	562.089
Oran	385.193	158.620	115.389	32.526	7.869	1.897	79.818	70.623	33.447	»	»	»	22.447	907.829
TOTAUX	904.444	436.826	238.571	113.175	37.011	7.809	151.796	193.711	78.272	2.969	601	14.176	59 734	2.239.095

TROISIÈME TABLEAU

Renseignements sur les titres établis en exécution de la loi de 1873

DÉPARTEMENTS	NOMBRE de TITRES-MINUTES pour les archives	NOMBRE de TITRES-MINUTES déposés aux hypothèques pour valoir transcription	NOMBRE de CERTIFICATS ou titres individuels délivrés aux indigènes	NOMBRE des LOTS ou parcelles faisant l'objet de ces titres	NOMBRE des PROPRIÉTAIRES bénéficiaires des titres	NOMBRE des TITRES contestés	SUPERFICIE des LOTS contestés
Alger	38.981	38.210	284.036	183.385	100.508	771	18.217
Constantine	28,617	28.600	77.582	95.334	62.364	17	589
Oran	45.167	44.922	173.661	129.082	81.958	245	10.795
TOTAUX	112.765	111.732	535.279	407.801	244.830	1.033	29.601

QUATRIÈME TABLEAU

Renseignements sur les titres établis en exécution du titre 3 de la loi du 26 juillet 1873 et des articles 6 à 10 de la loi du 28 avril 1887

DÉPARTEMENTS	NOMBRE de TITRES établis en exécution du titre 3 de la loi de 1873	NOMBRE de TITRES établis en exécution des art. 6 à 10 de la loi de 1887	TOTAL des TITRES établis	SUPERFICIE des IMMEUBLES faisant l'objet des titres établis en exécution du titre 3 de la loi de 1873	SUPERFICIE des IMMEUBLES faisant l'objet des titres établis en exécution des art. 6 à 10 de la loi de 1887	SUPERFICIE TOTALE
				hectares	hectares	hectares
Alger	76	16	92	25.653	3.425	29.078
Constantine	11	260	271	559	9.106	9.665
Oran	372	484	856	77.534	14.702	92.236
TOTAUX	459	760	1.219	103.746	27.233	130.979

§ 3. — La Loi du 16 Février 1897.

Une réforme s'imposait dans le système foncier algérien. Les recherches tentées aboutirent à un projet de loi considérable présenté par M. le sénateur Franck-Chauveau. C'était un véritable code foncier, qui tendait notamment à introduire en Algérie « l'Act Torrens », mais craignant qu'il ne restât trop longtemps en discussion à cause des modifications profondes qu'il apportait, on se décida à s'en tenir d'abord à un texte plus restreint. Sous le coup de cette nécessité, le Parlement vota la loi d'attente du 16 février 1897, qui est encore en vigueur.

Dans l'état actuel de la législation, le régime de la propriété indigène comporte deux phases :

1° L'application du Sénatus-Consulte aux tribus qui n'ont pas été délimitées ; on a vu au chapitre précédent comment elle se poursuit ;

2° La constitution de la propriété individuelle par enquêtes partielles dans les douars antérieurement délimités.

Dans le système de la loi de 1897, la constitution de la propriété individuelle s'inspire d'un principe nouveau. *La procédure d'ensemble est abolie et remplacée par la procédure partielle* s'appliquant indifféremment au territoire melk ou arch du Tell. Au lieu d'être imposée d'office, *elle est facultative.* Tout propriétaire occupant ou acquéreur peut requérir une enquête. Par suite, l'obtention d'un titre français en terre arch, qui, sous le régime de la purge partielle de 1887, n'était possible qu'à l'acquéreur européen, devient accessible aux indigènes. La procédure comporte trois mesures destinées à prévenir les tiers et à les mettre en état d'assurer le maintien de leurs droits : mesures de publicité, bornage de l'immeuble et levé de plan. Un commissaire-enquêteur, faisant partie d'un cadre d'agents spécialement créé depuis 1919, se transporte sur les lieux, étudie les droits des requérants, les réclamations des tiers, dresse un procès-verbal où il consigne le résultat de ses constatations. Ce document est soumis à la contradiction publique au cours d'un dépôt de 45 jours.

Puis, s'il s'agit d'une terre melk, le directeur des Domaines établit un titre de propriété, immédiatement, s'il n'y a pas de réclamation ; après main-levée amiable ou judiciaire, s'il y a des revendications. S'il s'agit d'une terre arch, le Gouverneur général, en Conseil de Gouvernement, régularise la situation de l'occupant par voie d'homologation du plan parcellaire à la suite de laquelle un titre identique au titre melk est délivré à l'intéressé. A compter de la délivrance de ce titre, qui purge de façon absolue tous les droits antérieurs non reconnus et réclamés en temps utile, les immeubles restent, quels que soient leurs propriétaires, soumis à toutes les prescriptions de la loi française. De plus, une disposition de la loi met à l'abri de toute revendication ultérieure, les détenteurs de titres établis en conformité des lois de 1873 et de 1887.

Appliqué dans ces conditions, le régime législatif actuel a donné, jusqu'à ce jour, les résultats qu'indique le tableau suivant :

DÉPARTEMENTS	ENQUÊTES REQUISES		NOMBRE D'ENQUÊTES		SUPERFICIE des IMMEUBLES pour lesquels des TITRES		
	Nombre	SUPERFICIE des terrains visés par ces demandes	qui ont été suivies d'homologation	dont les dossiers ont été transmis au Service des Domaines	MELK	ARCH	DOMAINE PUBLIC
1	2	3	4	5	6	7	8
Alger	19	2.856h 13a 50c	25	30	8.824h 75a 00c	3.161h 16a 60c	294h 60a 30c
Constantine	634	26.380 34 90	609	9	380 11 50	37.681 17 44	1.198 06 25
Oran	98	12.094 91 35	36	01	9.877 64 87	2.415 49 70	275 82 47
Divon d'Oran	25	1.180 05 00	1	»	»	15 99 70	0 75 50
TOTAUX de l'année 1921	776	42.521h 34a 05c	671	106	19.082h 52a 27c	43.573h 83a 44c	1.769h 54a 52c
Résultats donnés par la loi du 16 février 1897							
Alger	452	121.756h 11a 50c	36	212	51.770 90a 50c	9.242h 64a 47c	1.500h 87a 78c
Constantine	6.550	356.104 30 75	4.343	104	7.316 82 80	277.669 40 78	8.677 30 86
Oran	3.405	362.984 48 57	1.800	853	130.130 35 63	92.347 69 54	5.361 07 14
Divon d'Oran	72	7.607 22 55	1	»	»	15 90 70	0 75 50
TOTAUX au 31 Décemb. 1921	10.569	848.452h 13a 37c	6.180	1.169	198.527h 00a 19c	379.275h 74a 49c	15.549h 91a 28c

Dans l'ensemble, on peut estimer que le jeu des diverses lois foncières dont a été successivement dotée l'Algérie, a permis de franciser cinq millions d'hectares environ sur les treize millions et demi d'hectares que comprend la superficie du Tell délimité par le décret du 20 février 1873.

§ 4. — Le Mouvement des Transactions foncières.

A côté de cette œuvre de francisation dont la réalisation s'effectue désormais par les organes administratifs compétents, sur l'initiative individuelle des intéressés, conformément à la loi, il est bon de prendre un aperçu d'ensemble des conditions dans lesquelles ont eu lieu les transactions foncières en Algé-

DÉPARTEMENTS	ont été DÉLIVRÉS à la suite D'ENQUÊTES PARTIELLES			ENQUÊTES ANNULÉES		ENQUÊTES en INSTANCE	
	DOMAINE DE L'ÉTAT	DOMAINE COMMUNAL	TOTAL	Nombre	SUPERFICIE	Nombre	SUPERFICIE
1	9	10	11	12	13	14	15
Alger	10h 70a 60c	23h 60a 65c	12.615h 14a 05c	8	1.186h 74a 00c	»	»
Constantine	1.983 47 00	240 63 00	41.483 45 10	10	863 80 00	»	»
Oran	1.822 28 10	1.396 01 50	15.787 26 64	11	793 14 20	»	»
Divon d'Oran	»	»	16 75 20	10	465 00 00	»	»
TOTAUX de l'année 1921	3.816h 45a 70c	1.660h 25a 15c	69.902h 61a 08c	39	3.308h 68a 20c	»	»
depuis sa mise en vigueur jusqu'au 31 décembre 1921							
Alger	670h 27a 83c	1.037h 00a 65c	64.230h 71a 43c	38	16.122h 70a 00c	166	41.102h 70a 07c
Constantine	43.062 05 62	1.337 27 09	308.062 87 21	259	23.101 36 47	1.844	24.940 07 07
Oran	30.214 60 78	4.022 64 13	271.386 27 22	398	43.301 89 65	444	48.206 31 70
Divon d'Oran	»	»	16 75 20	10	465 00 00	61	7.125 47 35
TOTAUX au 31 Décemb. 1921	43.946h 94a 23c	6.396h 91a 87c	643.696h 61a 00c	706	83.290h 96a 12c	2.515	121.404h 50a 19c

rie et de voir comment leur mouvement se caractérise. Le tableau suivant donne la statistique des transactions portant sur des immeubles ruraux intervenues entre Indigènes et Européens de 1880 à 1920 :

TABLEAU

des transactions ayant pour objet des immeubles ruraux, intervenues en Algérie, entre européens et indigènes musulmans, depuis le 1er janvier 1880 jusqu'au 31 décembre 1919.

ANNÉES	IMMEUBLES RURAUX VENDUS PAR LES INDIGÈNES AUX EUROPÉENS		IMMEUBLES RURAUX VENDUS PAR LES EUROPÉENS AUX INDIGÈNES	
	Superficie	Prix	Superficie	Prix
	hectares	francs	hectares	francs
1880	40.143	2.477.791	2.917	495.943
1881	54.184	4.067.117	1.171	577.502
1882	29.093	4.176.984	2.465	734.549
1883	64.375	5.569.744	3.951	893.282
1884	32.713	2.967.759	3.705	986.879
1885	21.997	2.898.941	1.612	605.023
1886	21.557	1.947.414	5.037	990.739
1887	13.404	2.287.298	5.013	822.740
1888	15.576	1.764.933	5.073	762.150
1889	13.641	1.852.044	25.234	1.109.452
1890	19.683	2.296.003	6.463	939.668
1891	13.404	1.751.919	10.458	1.428.024
1892	17.806	2.448.658	8.869	1.186.620
1893	32.102	2.987.870	5.423	1.098.077
1894	23.133	2.112.415	5.061	672.884
1895	21.796	2.318.934	6.250	1.077.102
1896	18.643	1.817.583	6.619	955.862
1897	31.472	2.478.747	6.381	1.053.394
1898	27.429	3.165.876	10.140	1.571.511
1899	26.000	2.500.000	8.000	1.400.000
1900	25.861	2.352.982	6.823	1.238.509
1901	31.682	4.369.742	10.233	1.709.551
1902	16.438	1.866.573	14.449	2.539.319
1903	18.171	2.300.662	17.374	2.905.098
1904	26.656	3.161.589	12.723	2.778.919
1905	30.731	3.124.852	9.822	1.873.139
1906	30.771	3.124.903	13.881	3.151.986
1907	40.250	4.902.116	9.927	2.663.629
1908	49.990	5.472.798	10.458	2.717.839
1909	61.586	9.442.512	11.551	2.908.398
1910	66.802	9.291.730	12.139	3.787.016
1911	67.681	11.485.422	14.240	5.266.104
1912	76.359	12.688.221	13.015	5.914.945
1913	68.634	9.398.131	19.443	7.109.256
1914	41.861	6.485.288	9.663	3.898.879
1915	10.145	2.069.774	3.500	1.369.129
1916	14.931	4.021.152	7.263	3.641.925
1917	19.962	6.486.039	8.480	5.067.521
1918	16.840	8.440.087	20.316	14.646.795
1919	19.089	13.526.829	40.140	30.520.820
1920	35.288	24.342.048	30.032	28.691.016
1921	36.173	15.792.488	20.819	16.500.575

Les chiffres qui précèdent montrent que, d'une façon générale, les transactions foncières se soldent par un accroissement continu du patrimoine européen. Si un fléchissement apparaît en 1918-1919, il faut se rendre compte qu'il était dû à des conditions économiques toutes particulières et passagères, et que la courbe des ventes tend à revenir à la normale ainsi qu'il ressort des chiffres de 1920 et de 1921.

La statistique ci-après fournit l'indication détaillée des transactions au cours de cette dernière année.

I. — Ventes consenties par des européens à des indigènes

DÉPARTEMENTS	ARRONDISSEMENTS	CONTENANCE INDIQUÉE				CONTENANCE NON INDIQUÉE		OBSERVATIONS
		IMMEUBLES URBAINS		IMMEUBLES RURAUX		IMMEUBLES URBAINS	IMMEUBLES RURAUX	
		SUPERFICIE	PRIX DE VENTE	SUPERFICIE	PRIX DE VENTE	PRIX DE VENTE	PRIX DE VENTE	
ALGER	Alger	56^{h}51^{a}13^c	1.612.813 00	2.134^{h}58^{a}11^c	2.702.023 »	963.387 00	490.106 »	
	Médéa	»	»	128 02 02	256.655 »	183.510 »	43.710 »	
	Miliana	1 78 04	152.969 »	1.018 20 36	427.637 »	33.937 »	6.555 »	
	Orléansville	1 08 29	129.290 »	404 82 64	191.278 »	13.770 »	7.126 »	
	Tizi-Ouzou	3 95 28	477.823 »	998 57 41	1.174.890 »	11.800 »	13.018 »	
	Territoires du Sud	»	»	»	»	»	»	
	Totaux	63^{h}32^{a}74^c	2.372.895 »	4.714^{h}20^{a}54^c	4.752.483 »	1.206.404 »	560.515 »	
ORAN	Oran	2^{h}95^{a}00^c	795.740 00	542^{h}53^{a}72^c	578.357 96	226.693 »	34.135 »	
	Mostaganem	2 44 83	287.418 »	895 97 70	458.709 85	129.800 »	295.176 10	
	Mascara	1 03 76	277.179 73	1.503 99 34	704.481 60	250.289 60	92.725 75	
	Sidi-bel-Abbès	0 69 72	747.445 »	982 60 84	1.630.164 45	5.000 »	55.245 »	
	Tlemcen	4 14 24	78.232 »	32 76 13	137.785 70	260.602 68	115.220 »	
	Totaux	11^{h}27^{a}55^c	2.186.014 73	3.957^{h}87^{a}73^c	3.509.499 56	872.385 28	592.501 85	
CONSTANTINE	Constantine	0^{h}58^{a}00^c	115.300 00	2.845^{h}55^{a}26^c	2.040.973 20	708.906 25	156.140 »	
	Bougie	5 49 96	219.832 50	481 13 83	504.327 51	171.250 »	1.500 »	
	Batna	4 45 34	120.886 91	1.022 98 67	589.430 »	75.425 15	26.000 »	
	Bône	2 96 70	132.273 »	914 04 78	1.149.548 60	657.031 25	1.000 »	
	Guelma	10 25 96	871.734 »	3.487 52 26	1.640.084 50	227.715 »	9.436 »	
	Philippeville	1 34 86	116.900 »	1.041 87 56	899.125 »	45.861 »	2.000 »	
	Sétif	9 37 03	428.129 »	2.323 91 66	1.415.097 93	143.000 »	»	
	Totaux	34^{h}47^{a}85^c	2.005.055 41	12.147^{h}04^{a}02^c	8.238.592 74	2.029.188 65	196.076 »	
	Totaux généraux	109^{h}08^{a}14^c	6.563.965 14	20.819^{h}12^{a}29^c	16.500.575 30	4.107.977 93	1.349.092 85	

II. — Vente consenties par des indigènes aux européens

DÉPARTEMENTS	ARRONDISSEMENTS	CONTENANCE INDIQUÉE — IMMEUBLES URBAINS — SUPERFICIE	CONTENANCE INDIQUÉE — IMMEUBLES URBAINS — PRIX DE VENTE	CONTENANCE INDIQUÉE — IMMEUBLES RURAUX — SUPERFICIE	CONTENANCE INDIQUÉE — IMMEUBLES RURAUX — PRIX DE VENTE	CONTENANCE NON INDIQUÉE — IMMEUBLES URBAINS — PRIX DE VENTE	CONTENANCE NON INDIQUÉE — IMMEUBLES RURAUX — PRIX DE VENTE	OBSERVATIONS
ALGER	Alger	$14^{a}\,76^{a}\,83^{c}$	887.893 »	$1.616^{h}\,26^{a}\,93^{c}$	969.722 »	1.053.775 »	194.635 »	
	Médéa	»	»	775 67 10	265.336 »	68.540 »	43.931 »	
	Miliana	77 28	62.000 »	2.845 32 66	672.706 »	2.500 »	40.575 »	
	Orléansville	54 58	119.164 »	875 41 85	268.875 »	»	59.793 »	
	Tizi-Ouzou	1 16 00	22.100 »	249 34 51	261.101 »	205 »	8.650 »	
	TOTAUX	$17^{h}\,24^{a}\,67^{c}$	1.091.157 »	$6.362^{h}\,03^{a}\,05^{c}$	2.437.740 »	1.125.020 »	347.584 »	
ORAN	Oran	$14^{h}\,89^{a}\,98^{c}$	262.032 »	$1.660^{h}\,20^{a}\,23^{c}$	1.358.939 15	39.500 »	159.718 30	
	Mostaganem	1 07 45	106.990 »	16.049 53 25	6.174.063 75	35.400 »	1.061.866 90	
	Mascara	0 73 77	515.314 40	3.457 84 05	1.748.846 65	327.241 80	156.343 25	
	Sidi-bel-Abbès	0 43 33	195.947 25	962 17 29	1.046.465 05	»	»	
	Tlemcen	0 03 25	25.000 »	513 18 60	121.300 »	78.455 »	1.222.119 50	
	TOTAUX	$17^{h}\,17^{a}\,78^{c}$	1.105.283 65	$22.642^{h}\,93^{a}\,42^{c}$	10.449.614 60	480.596 80	2.600.047 95	
CONSTANTINE	Constantine	»	»	$1.820^{h}\,83^{a}\,42^{c}$	763.759 82	135.000 »	21.273 25	
	Bougie	»	»	220 38 00	163.094 85	60.400 »	13.210 »	
	Batna	$1^{h}\,18^{a}\,01^{c}$	48.246 »	1.224 81 75	200.133 19	39.900 »	130.126 »	
	Bône	»	»	389 65 39	446.926 35	323.500 »	20.750 »	
	Guelma	0 01 98	450 »	1.680 48 77	230.555 50	125.989 »	20.439 »	
	Philippeville	0 10 40	25.400 »	25 02 11	24.675 »	42.285 »	»	
	Sétif	0 82 64	380.211 66	1.807 47 70	1.075.089 25	9.641 47	7.296 »	
	TOTAUX	$2^{h}\,13^{a}\,03^{c}$	454.307 66	$7.168^{h}\,67^{a}\,14^{c}$	2.905.133 96	736.715 47	213.094 25	
	TOTAUX GÉNÉRAUX	$36^{h}\,55^{a}\,48^{c}$	2.650.748 31	$36.178^{h}\,63^{a}\,61^{c}$	15.792.488 56	2.342.332 27	3.160.726 20	

III. — Ventes consenties par des indigènes à des indigènes

DÉPARTEMENTS	ARRONDISSEMENTS	CONTENANCE INDIQUÉE				CONTENANCE NON INDIQUÉE		OBSERVATIONS
		IMMEUBLES URBAINS		IMMEUBLES RURAUX		IMMEUBLES URBAINS	IMMEUBLES RURAUX	
		SUPERFICIE	PRIX DE VENTE	SUPERFICIE	PRIX DE VENTE	PRIX DE VENTE	PRIX DE VENTE	
ALGER	Alger	$25^{h}56^{a}19^{c}$	1.966.425 »	$4.825^{h}18^{a}76^{c}$	2.460.862 »	1.321.385 »	3.619.870 »	
	Médéa	»	»	7.934 05 25	1.434.939 »	189.312 »	569.829 »	
	Miliana	1 06 75	71.627 »	8.030 26 54	1.314.244 »	6.800 »	191.717 »	
	Orléansville	3 01 63	95.735 »	4.424 61 11	1.000.755 »	14.072 »	382.717 »	
	Tizi-Ouzou	13 33 67	234.020 »	1.549 80 34	2.218.947 »	311.422 »	1.338.799 »	
	Totaux	$42^{h}98^{a}24^{c}$	2.367.807 »	$26.763^{h}99^{a}00^{c}$	8.429.747 »	1.842.491 »	6.082.932 »	
ORAN	Oran	$2^{h}02^{a}23^{c}$	569.169 50	$1.362^{h}33^{a}34^{c}$	1.269.505 77	76.227 »	423.054 33	
	Mostaganem	8 21 26	152.300 »	11.680 92 33	3.780.989 65	46.530 »	1.084.390 40	
	Mascara	0 22 19	134.268 30	5.897 08 97	1.170.497 95	585.957 75	478.914 20	
	Sidi-bel-Abbès	0 89 05	226.576 30	738 09 10	736.120 40	10.620 »	66.235 »	
	Tlemcen	0 87 97	67.725 »	439 90 18	471.932 40	712.730 70	1.823.739 »	
	Totaux	$12^{h}22^{a}70^{c}$	1.150.039 10	$30.113^{h}33^{a}92^{c}$	7.429.045 77	1.382.065 45	3.876.332 93	
CONSTANTINE	Constantine	$3^{h}57^{a}23^{c}$	312.824 66	$5.007^{h}90^{a}83^{c}$	3.081.089 30	894.608 71	1.200.970 01	
	Bougie	4 17 99	87.159 32	2.779 50 76	2.214.914 55	135.378 70	691.282 45	
	Batna	0 62 39	149.920 »	955 74 47	232.482 05	132.528 66	4.438.282 46	
	Bône	»	»	616 91 48	539.549 60	443.274 »	319.245 45	
	Guelma	2 47 07	137.143 40	7.649 25 11	1.269.835 80	548.709 85	121.445 »	
	Philippeville	0 44 60	12.200 »	673 47 92	195.422 15	14.500 »	259.837 67	
	Sétif	2 33 20	273.190 37	5.940 13 30	1.770.971 97	54.795 »	1.054.286 84	
	Totaux	$13^{h}62^{a}48^{c}$	972.437 75	$23.662^{h}93^{a}87^{c}$	9.304.255 42	2.233.794 92	8.005.349 88	
	Totaux généraux	$68^{h}83^{a}42^{c}$	4.490.283 85	$70.540^{h}26^{a}79^{c}$	25.163.058 19	5.458.351 37	18.044.614 81	

CONCLUSIONS

La Question de la Propriété indigène telle qu'elle se pose actuellement.

Le principe de la francisation de la terre, inauguré en 1873 et dont l'application s'est continuée depuis, a puissamment contribué à améliorer la situation immobilière de la Colonie, dans les territoires où elle a reçu son application. L'existence d'un titre formant le point de départ unique des droits réels, en limitant à la période écoulée depuis son établissement les recherches nécessaires pour déterminer l'origine de la propriété, a singulièrement accru la sécurité des transactions immobilières, et ce résultat s'est traduit par une augmentation très sensible de la valeur vénale des terres. Par ailleurs on s'est demandé si, étant donné les défectuosités de notre système hypothécaire, il ne conviendrait pas d'introduire en Algérie le régime foncier, dit de l'immatriculation, en vigueur en Tunisie et au Maroc. Cette question est à l'étude depuis de nombreuses années : elle a fait l'objet de divers projets et propositions de lois. La dernière en date a pour auteur M. le sénateur Flandin (1921). Les avis paraissent actuellement divisés à ce sujet. C'est au Parlement qu'il appartiendra de se prononcer définitivement.

Par ailleurs, l'opinion publique agricole s'est émue de la lenteur avec laquelle s'opérait la transformation de la propriété collective en propriété privée. La loi du 16 février 1897, comme on l'a vu plus haut, laisse à l'initiative seule des intéressés — occupants ou acquéreurs — le soin de provoquer la francisation des terres de cette tenure. On s'est demandé si, dans l'intérêt commun des indigènes et des colons, il ne conviendrait pas de hâter cette transformation du caractère juridique des terres de tribu. On a envisagé dans cet ordre d'idées l'éventualité du retour, suivant des modalités nouvelles, aux procédures d'ensemble qu'avait instituées la loi du 28 juillet 1873, en tenant compte des données de l'expérience et des nécsités économiques et politiques qu'a révélées l'examen du problème. La question est actuellement à l'étude. C'est au législateur qu'il appartiendra de dire le dernier mot à ce sujet.

STATUT

ET

DROITS POLITIQUES DES INDIGÈNES

EN ALGÉRIE

Principes généraux.

Le statut politique des indigènes, en Algérie, repose essentiellement sur deux principes :

1° Les indigènes musulmans qui, tenant à conserver le statut personnel islamique, n'ont pas acquis la qualité de citoyen français et constituent la très grande masse, sont représentés par des membres élus dans toutes les Assemblées délibérantes existant dans la Colonie, c'est-à-dire Délégations financières, Conseils généraux, Conseils municipaux ;

2° Ayant accès par leurs représentants élus dans toutes les Assemblées où siègent des citoyens français, les indigènes non admis à la qualité de citoyen français possèdent, en outre, des Assemblées délibérantes spéciales à la constitution desquelles l'élément français n'a point part : les djemâas de douars.

La djemâa est une institution tout à fait caractéristique de l'organisation municipale algérienne par laquelle il semble logique de commencer ici l'étude du mécanisme de la participation des indigènes à la vie politique.

Organisation électorale indigène dans la Commune.

Le territoire civil de l'Algérie possède deux sortes d'unités communales : 1° les communes de plein exercice instituées là où le progrès de l'immigration européenne et l'entrecroisement des intérêts des divers groupes ethniques en présence ont permis de constituer une organisation municipale à peu près dans les mêmes conditions qu'en France, c'est-à-dire suivant les prescriptions de la loi du 5 avril 1884 ; 2° les communes mixtes, créées dans les circonscriptions où la population indigène est absolument prépondérante et où l'élément européen n'est représenté que par des individus ou des familles isolés ou groupés en îlots formant ce qu'on appelle des centres de colonisation ou des sections européennes.

L'Assemblée délibérante centrale de la commune de plein exercice est le Conseil municipal, constitué et fonctionnant d'après les règles posées dans la loi du 5 avril 1884, sauf les particularités afférentes à la représentation des indigènes.

L'Assemblée délibérante centrale de la commune mixte est la Commission municipale, organisme *sui generis,* dont la composition est indiquée plus loin.

Dans le Conseil municipal de la commune de plein exercice, la place prépondérante, au point de vue numérique, est donnée à la représentation des citoyens français, le nombre des représentants des indigènes non citoyens ne pouvant dépasser le tiers de l'effectif du Conseil.

Dans la Commission municipale de la commune mixte, la prépondérance appartient aux représentants de la population indigène, le nombre des élus des citoyens français dépassant rarement 8, alors que le nombre des représentants des indigènes peut être évalué à 30 ou 40 et dépasse 50 en certains endroits.

Mais ces représentants indigènes ne sont pas tous désignés par voie d'élection. La moitié d'entre eux siègent à la Commission municipale, de droit, en vertu de leurs fonctions administratives : ce sont les caïds.

L'autre moitié de cette représentation se compose de membres élus : ce sont les présidents des djemâas de douars.

La base de la représentation élective des indigènes, dans les communes mixtes, est donc la djemâa.

Cela se comprend aisément. Le territoire des communes mixtes, généralement très étendu (la commune mixte du Télagh, la plus vaste de toutes, il est vrai, occupe une superficie de 565,787 hectares !) se subdivise en douars dont chacun englobe le territoire d'une tribu ou d'une fraction de tribu formant, traditionnellement, groupe ou section à part, et ayant des intérêts moraux et matériels distincts. Le douar est donc la véritable unité administrative fondamentale.

C'est cette collectivité qui est appelée à élire, au suffrage direct et au scrutin de liste, les membres de la djemâa dont le nombre est fixé d'après celui des habitants du douar (article 1er de l'arrêté du Gouverneur général de l'Algérie, en date du 5 mars 1919, sur la constitution, les attributions et le fonctionnement des djemâas dans les communes mixtes). Ces membres, à leur tour, élisent leur Président qui, comme il est dit ci-dessus, est membre de droit de la Commission municipale de la commune mixte, de même que le caïd, représentant de l'Administration.

Dans les communes de plein exercice, il existe, souvent, des douars ou des fractions de douars possédant un territoire propre et formant une section distincte de la commune. Ces collectivités sont également dotées de djemâas, mais, comme il arrive, dans certaines communes de plein exercice, que diverses fractions indigènes sont, prises isolément, très peu importantes et présentent des intérêts convergents, une djemâa est assez fréquemment élue par plusieurs fractions à la fois.

Cette situation ne comporte aucune diminution des droits de représentation politique accordés aux indigènes, car dans les communes de plein exercice, ce n'est pas par les présidents de djemâas que les indigènes sont représentés au Conseil municipal, mais par des Conseillers municipaux, directement élus par le suffrage public en nombre proportionnel à celui de la population musulmane, sous la réserve que ce nombre ne peut être supérieur à 12 ni dépasser le tiers de l'effectif du Conseil.

En résumé, l'organisation municipale algérienne comporte, pour les indigènes et pour eux seulement, deux catégories d'assemblées électives permanentes :

1° Le Conseil municipal ou la Commission municipale où les représentants indigènes non citoyens français siégent avec les mêmes droits et prérogatives que les membres citoyens français, sauf en ce qui concerne le droit de participer à la désignation des délégués pour l'élection des sénateurs ;

2° La djemâa, dont la délibération préalable est toujours obligatoire pour les affaires où sont en jeu les intérêts de la section et l'administration de ses biens.

Il en résulte que, pour tout ce qui concerne les intérêts particuliers aux douars, les indigènes sont doublement représentés et que les élus ont la faculté de défendre les intérêts de leurs mandants à deux phases de l'instruction et du règlement des affaires.

Les conditions d'électorat requises des indigènes musulmans, non citoyens français, sont les mêmes pour les élections municipales proprement dites et pour les élections des djemâas.

Quant aux conditions d'éligibilité, elles se confondent avec les conditions d'électorat, avec la seule restriction d'ordre général que, pour être éligible, il faut être électeur dans la circonscription à représenter, et quelques exceptions tirées du droit commun et qui excluent certains électeurs en raison de leurs fonctions administratives ou judiciaires.

Organisation électorale extra communale.

Les représentants de la population indigène dans les Conseils généraux et aux Délégations financières indigènes sont élus, dans les communes de plein exercice, par tous les électeurs municipaux et, dans les communes mixtes, par les membres des Commissions municipales et des djemâas des douars seulement.

Cette différence s'explique par le fait que la population indigène des communes mixtes, dont les contacts avec la civilisation française sont beaucoup plus rares et beaucoup plus intermittents, n'est pas arrivée au même degré d'évolution sociale que celle des communes de plein exercice.

Les conditions d'éligibilité des indigènes musulmans sont les mêmes pour les Conseils généraux et les Délégations financières que pour les djemâas et les Conseils municipaux.

Quant aux modalités adoptées pour l'émission du suffrage, ce sont, en vertu de la loi du 4 février 1919, pour l'élection des délégués financiers, des conseillers généraux et des conseillers municipaux indigènes, celles qu'a déterminées la loi de 1913 sur le secret et la sincérité du vote ; pour l'élection des membres des djemâas, celles que prévoyait la loi du 5 avril 1884, le Gouverneur général, investi du droit de réglementation en cette matière, n'ayant pas cru pouvoir appliquer à l'élection des djemâas, au milieu des douars, les dispositions relatives aux isoloirs.

Ce court exposé montre combien libéralement a été conçu le statut politique des indigènes algériens. Les indications qui vont suivre et qui concernent le fonctionnement de fait des droits électoraux concédés par ce statut, feront ressortir l'importance pratique de ces droits.

Fonctionnement de fait de l'organisation électorale des indigènes algériens.

Les diverses listes électorales indigènes arrêtées au 31 mars 1920 accusent un nombre d'électeurs musulmans, non citoyens français, de 421,000 en chiffres ronds.

Si l'on compare ce nombre au chiffre total des indigènes musulmans, non citoyens français, du territoire civil de l'Algérie du Nord, lequel s'élève, d'après le recensement de 1911, le dernier dont les résultats soient officiellement connus, à 4,173,539 unités, on voit qu'il y a, en Algérie, un électeur musulman, non citoyen français, pour moins de dix musulmans indigènes.

Un bref calcul analytique permet d'évaluer le nombre des électeurs en proportion du nombre des indigènes du sexe masculin ayant l'âge électoral.

La proportion du sexe masculin au sexe féminin étant, d'après les statistiques établies pour la population agricole indigène, de 9 à 8 environ et en forçant les chiffres, on peut évaluer le nombre total des indigènes du sexe masculin à 2,214,755 unités, évaluation probablement un peu supérieure à la réalité.

Or, les dénombrements faits pour la population totale, indigène et européenne, indiquent qu'il y a, en Algérie, environ 288 personnes au-dessous de 25 ans pour 212 personnes au-dessus, par 500 habitants. En adoptant la proportion de 21/50 pour les personnes âgées de plus de 25 ans, on voit que le nombre des indigènes du sexe masculin ayant au moins 25 ans, peut être estimé approximativement à 930,197.

D'où il résulte :

1° Que le rapport des indigènes pourvus d'un bulletin de vote aux indigènes du sexe masculin de tout âge est de 20 % environ ;

2° Que le rapport des mêmes électeurs indigènes au nombre total des indigènes de plus de 25 ans (âge électoral) est de plus de 45 %.

Il convient d'observer que cette proportion, déjà très grande, doit être, d'ores et déjà, au-dessous de la réalité, car, lors de la formation des listes électorales indigènes, il est fatal que de nombreuses omissions aient été commises et 421,000 inscrits doivent correspondre au moins à 450,000 ayants droit.

Il convient encore de remarquer que le contingent des électeurs indigènes doit grossir d'année en année automatiquement et cela en dehors même de tout accroissement de la population. On peut même avancer que, lorsque tous les indigènes remplissant les conditions requises pour le recrutement militaire seront soumis à la conscription, l'application des dispositions du décret du 6 février 1919 aboutira à conférer la qualité d'électeur aux 80 centièmes des indigènes du sexe masculin âgés de plus de 25 ans et que la population musulmane indigène totale de l'Algérie comprendra un électeur pour 5 ou 6 habitants.

Ces 421,000 électeurs ont envoyé, lors des renouvellements généraux des Assemblées algériennes de 1919-1920, des représentants aux Délégations financières algériennes, aux trois Conseils généraux, à plus de 350 Conseils municipaux, à 1,007 djemâas de communes mixtes et à 234 djemâas de communes de plein exercice, concourant ainsi, par voie de libre suffrage, à la formation de près de seize cents Assemblées délibérantes.

Ces chiffres permettent de se rendre compte de combien de tribunes la population musulmane, restée soumise au statut de l'Islam, dispose, en Algérie, pour faire entendre sa voix et défendre ses intérêts.

ENSEIGNEMENT PUBLIC DES INDIGÈNES
EN ALGÉRIE

I

Enseignement primaire, secondaire et supérieur.

Les habitudes traditionnelles et le caractère particulier de la population indigène en Algérie rendent impossible l'application pure et simple de la législation métropolitaine sur l'enseignement primaire public. D'autre part, il n'existait pas d'institutions indigènes que l'on pût songer à développer et à modifier pour les adapter à nos vues et à nos méthodes. En dehors des mosquées et des zaouïas, établissements purement religieux, les indigènes désireux de ne pas laisser leurs enfants totalement illettrés, n'avaient à leur disposition que les mecid et écoles coraniques diverses, tenues par des particuliers. Encore les enfants ne faisaient-ils là que du psittacisme, apprenant uniquement à réciter sans les comprendre et à reproduire par un dessin purement imitatif, sur une planchette, des versets du Coran.

Il faut, d'ailleurs, remarquer que la population indigène, presque entièrement composée de ruraux, ne paraissait nullement souffrir de cet état de choses, tout absorbée qu'elle était par les travaux agricoles, et dépourvues d'aspirations intellectuelles.

Il était donc à prévoir que nous nous heurterions chez elle, entre autres difficultés, sinon à des résistances concertées, du moins à une inertie naturelle et difficile à vaincre, quand nous voudrions l'amener à profiter des bienfaits de l'instruction.

C'est parce qu'il sentait bien les difficultés particulières de l'œuvre à entreprendre que le législateur, tout en déclarant que la loi du 30 octobre 1886, sur l'enseignement primaire, serait appliquée en Algérie, avait pris soin de spécifier (article 68 de la dite loi) que les conditions de cette application et les mesures transitoires nécessaires seraient déterminées par des décrets.

C'est en vertu de ces dispositions que fut pris le décret du 18 octobre 1892, texte organique de l'enseignement primaire des indigènes en Algérie.

En ce qui concerne l'enseignement supérieur proprement dit et l'enseignement secondaire, ils ne font l'objet, dans la législation actuellement en vigueur en Algérie, d'aucune organisation spéciale. Cela se conçoit aisément, si l'on considère le petit nombre des indigènes désireux d'acquérir une instruction élevée et si l'on tient compte de ce fait que ceux qui aspirent à cette instruction constituent une élite déjà préparée, et par ses tendances et par les études primaires, à entrer dans nos Lycées et Collèges ou dans nos Facultés au même titre et dans les mêmes conditions que les jeunes Européens. La seule disposition les concernant qui fasse exception au droit commun est celle qui autorise le Gouverneur général à leur allouer, après avis du Conseil de Gouvernement, des bourses d'enseignement secondaire, sans les astreindre à subir l'examen *ad hoc*.

Il résulte de ces données générales que si l'enseignement primaire, constitué, en ce qui touche les indigènes, sur des bases distinctes et spéciales, doit faire l'objet d'une étude de principe, l'enseignement des deux autres ordres ne peut être étudié que dans ses résultats.

Mais il convient d'ajouter, aux trois ordres d'enseignement que l'on peut dire importés de France, l'enseignement musulman quelquefois compté comme un enseignement supérieur et qui est donné dans les Médersas et dans les cours des mouderrès.

1° Enseignement primaire

Le décret de 1892 présente trois particularités remarquables qui marquent bien chez le législateur le souci signalé plus haut d'adapter l'organisation de l'enseignement aux circonstances locales : 1° il transfère au Gouverneur général les pouvoirs dévolus au Ministre de l'Instruction publique pour l'enseignement des Européens; 2° il n'édicte pas l'obligation scolaire, laissant au Gouverneur le soin d'apprécier les localités et les circonstances dans lesquelles elle peut et doit être imposée; 3° il prévoit la création d'écoles spécialement destinées aux indigènes et confiées à un personnel enseignant distinct de celui appelé à instruire les jeunes Européens.

Ces écoles spéciales se divisent en trois catégories comprenant : les écoles principales, les écoles élémentaires, les écoles préparatoires ou auxiliaires. Rentrent dans la première catégorie les écoles qui, ayant au moins trois classes, ont à leur tête un directeur français. Dans la deuxième catégorie, les écoles à une ou deux classes, dirigées par un instituteur français; dans la troisième, enfin, celles qui, n'ayant qu'une classe, confiée à un instituteur-adjoint ou à un moniteur indigène, sont placées sous la surveillance et le contrôle du directeur d'une école principale ou élémentaire voisine.

Dans la pratique, un cours complémentaire d'enseignement professionnel est ajouté à la plupart des écoles principales et élémentaires et même à des écoles préparatoires de garçons, et un ouvroir complète toutes les écoles de filles.

Si l'on veut étudier d'une manière plus approfondie l'organisation de l'enseignement primaire des indigènes, il faut successivement envisager les trois questions que comportait le problème général à résoudre : la construction des écoles, le recrutement du personnel enseignant, les programmes d'étude.

a) *Construction de ces écoles.*

Le programme de 1892 prévoyait la création, chaque année, d'une soixantaine de classes ou écoles qui devaient être construites, partie aux frais de la commune, partie aux frais de l'Etat, la part contributive de ce dernier, payée sous forme de subvention aux communes propriétaires des écoles, variant de 40 à 80 %.

En vue de pourvoir aux dépenses incombant, de ce fait, à l'Etat, un crédit de 400,000 francs fut inscrit chaque année au budget de 1892 à 1894, inclusivement. Grâce à cette mesure, le nombre des écoles d'indigènes, qui était de 118, avec 211 classes en 1890, put atteindre, en 1895, 188 avec 369 classes.

Mais les efforts de l'administration ne furent pas secondés par les communes qui, ayant à faire face aux multiples dépenses qu'entraînent toujours la formation et le développement d'organismes sociaux nouveaux, voient la construction des routes et des ponts, les travaux d'assainissement, d'adduction d'eau, absorber la presque totalité de leurs recettes budgétaires et disposent rarement de ressources suffisantes pour leur permettre de satisfaire ensuite aux besoins de l'instruction publique. Avant de s'instruire, il faut vivre.

L'Etat ne pouvant légalement prendre à sa charge plus des quatre-vingts centièmes des dépenses de constructions d'écoles et les communes étant dans l'impossibilité d'assurer, pour leur part, l'exécution du programme de 1892, il s'ensuivit que la majeure partie du crédit voté annuellement pour les écoles indigènes resta sans emploi et ce crédit fut graduellement réduit jusqu'au chiffre de 235,000 francs, auquel il fut arrêté en 1902.

Les inconvénients de cet état de choses n'échappèrent pas à l'administration et aux Assemblées algériennes, qui se préoccupèrent de provoquer des mesures en vue de mieux assurer le développement de l'enseignement primaire chez les indigènes. Dans ce but, elles envisagèrent la possibilité de réduire les dépenses au minimum, en construisant des écoles très simples et aussi peu coûteuses que possible, quoique salubres et suffisamment confortables, et de faire appel de nouveau, pour y donner l'enseignement, aux moniteurs indigènes prévus par le décret de 1892 et auxquels on avait cru, précédemment, devoir renoncer.

Des retards dus encore surtout à la lenteur apportée par la plupart des communes à procéder aux opérations ou à assurer les dépenses qui leur incombent, ne pouvaient cependant être évités. Aussi le Gouvernement général crut-il devoir, sur les propositions de l'autorité académique, soumettre au Gouvernement métropolitain un projet de loi ayant pour objet de faire assurer la préparation, l'exécution et le règlement des travaux de construction de toutes les écoles indigènes par l'administration et aux frais de l'Algérie.

Ce projet est devenu la loi du 1er mai 1915.

Les modalités suivies pour l'instruction et le classement par ordre d'urgence des projets de construction d'écoles à l'usage des indigènes ont été récemment modifiées par les deux arrêtés du 26 décembre 1921 dont l'un institue un Conseil d'administration de constructions scolaires destinées tant à l'enseignement des Européens qu'à celui des Indigènes et dont le second institue le Recteur ordonnateur secondaire des dépenses.

b) *Personnel enseignant.*

Il a été déjà dit qu'en raison des circonstances on avait dû, de nouveau, pour donner l'enseignement dans les écoles auxiliaires, recourir aux moniteurs indigènes, prévus par le décret du 28 octobre 1892. Le personnel enseignant des écoles primaires pour les indigènes comprend donc actuellement des instituteurs et institutrices et des instituteurs adjoints et institutrices adjointes français, des instituteurs adjoints et des moniteurs indigènes.

Le recrutement des instituteurs adjoints se fait, pour les écoles de garçons, de beaucoup les plus nombreuses, à l'école Normale de la Bouzaréah, dont l'ancien « cours normal », destiné à former les instituteurs indigènes et la « section spéciale » où les instituteurs français faisaient un stage d'une année avant d'entrer dans l'enseignement, ont été transformés par un arrêté ministériel du 10 janvier 1920 en école Normale d'instituteurs de l'enseignement des indigènes.

Pour les écoles de filles, un stage d'une année dans une école-ouvroir de filles indigènes est, en principe, exigé des candidates qui possèdent, par ailleurs, les titres nécessaires pour être nommées institutrices stagiaires de l'enseignement primaire. Ce stage a pour objet de les initier à la pratique des arts professionnels (broderie arabe, tissage du tapis) qui sont enseignés dans les écoles destinées aux fillettes indigènes.

En ce qui concerne les moniteurs indigènes qui donnaient l'enseignement dans les écoles auxiliaires de garçons sous le contrôle des instituteurs placés à la tête des écoles élémentaires ou principales du voisinage, le décret du 2 octobre 1920, qui a déterminé les conditions de recrutement et d'avancement du personnel de l'enseignement primaire des indigènes, en a prononcé la suppression par voie d'extinction. Leur préparation pédagogique un peu rudimentaire a fait l'objet de maintes critiques. Leur institution, qui avait été motivée par la nécessité de courir au plus pressé et de trouver, dans un laps de temps réduit et avec des ressources budgétaires restreintes, des maîtres en nombre suffisant pour tenir les écoles dont la création paraissait urgente, a perdu actuellement sa raison d'être. Ces maîtres sont graduellement remplacés par des instituteurs adjoints ou indigènes pourvus de titres normaux.

2° Enseignement secondaire

Comme il a été dit plus haut, l'enseignement secondaire est donné aux indigènes dans les mêmes établissements, lycées et collèges, qu'aux Français. Il n'existe donc pas d'organisme spécial pour eux, mais ils sont particulièrement encouragés à entrer dans ces établissements par l'allocation de bourses nombreuses données sans conditions d'examen. Le crédit affecté à ces bourses n'a cessé de croître. Il est actuellement de 170,000 francs.

3° Enseignement supérieur

Il en est de l'enseignement supérieur comme de l'enseignement secondaire; les mêmes maîtres dans les mêmes chaires le donnent aux étudiants indigènes et aux étudiants français; mais un certain nombre de bourses est actuellement accordé à des indigènes pour leur permettre de suivre les cours des Facultés. Le crédit inscrit pour ces bourses au budget de 1922 est de 50,000 francs.

II

Enseignement public des matières musulmanes.

Médersas

Il y a, en Algérie, trois médersas : à Alger, à Constantine et à Tlemcen. La première avait été primitivement installée par le décret du 30 septembre 1850, à Médéa; elle fut transférée, en 1855, à Blida et ce n'est qu'en 1859 que son siège fut définitivement fixé à Alger.

C'est de ce décret du 30 septembre 1850 que date la première organisation des Médersas. Ces établissements ont, depuis, subi, dans leur organisation et leur fonctionnement, de nombreuses modifications. Les textes se sont succédé avant de dégager les méthodes et les programmes actuellement en vigueur (règlement de 1863, arrêtés des 16 février et 20 juillet 1883, du 1er octobre 1884, du 1er mai 1886), pour aboutir, enfin, au décret du 23 juillet 1895 dont les dispositions n'ont subi, du fait des décrets postérieurs, que des modifications de détail et qui demeure le texte organique de la matière.

Ce décret fixe à quatre ans la durée des études antérieurement fixée à trois ans (article 1er). Il exige des candidats à l'admission dans les médersas, sans pour cela les dispenser de l'examen d'entrée, la possession du certificat d'études primaires élementaires (article 2). Il fixe le programme de l'enseignement et introduit à la médersa d'Alger l'étude de la langue et du droit coutumier kabyles. Enfin, il institue, à la même médersa, une division supérieure, ouverte seulement aux élèves qui, à la suite de leurs quatre années de scolarité normales, et après avoir subi les épreuves de l'examen de sortie, ont été jugés dignes de recevoir le certificat d'études des médersas.

L'enseignement dans les médersas comprend les objets ci-après :

1° Langue française, notions d'histoire et de géographie, de droit usuel et d'organisation administrative ;

2° Arithmétique, notions de géométrie, de sciences physiques et naturelles;

3° Langue arabe;

4° Droit musulman avec ses applications pratiques ;

5° Théologie musulmane.

A la division supérieure, la durée des études est de deux ans. L'enseignement comprend :

1° Théologie musulmane et exégèse coranique;

2° Droit musulman et sources de ce droit;

3° Littérature arabe, rhétorique et logique ;

4° Histoire de la civilisation française;

5° Eléments de droit français et de législation algérienne.

Les élèves qui, à la fin de la deuxième année d'études dans la division supérieure, satisfont à l'examen de sortie, reçoivent le diplôme d'études supérieures des Médersas.

Le soin d'arrêter les programmes des examens d'entrée et de sortie est réservé au Gouverneur général, qui statue sur lés propositions du Recteur.

Il existe, dans chaque médersa, un cours d'hygiène professé par un médecin chargé, en même temps, de donner ses soins aux élèves dans tous les cas ne nécessitant pas leur admission à l'hôpital.

En outre, un arrêté du 3 avril 1908 a institué à la médersa d'Alger, une section commerciale pour les élèves qui ont satisfait aux examens de passage à la fin de la troisième année.

Les élèves de la section commerciale subissent, à la fin de la quatrième année, l'examen sur toutes les matières de l'enseignement, et s'ils sont admis, reçoivent le certificat d'études des médersas avec mention d'études commerciales.

Les élèves des médersas sont recrutés par voie de concours parmi les indigènes pourvus du certificat d'études primaires et âgés de 15 ans au moins et de 20 ans au plus, au 1er janvier de l'année où ils se présentent.

Ils se divisent en élèves boursiers et en élèves libres.

Le montant des bourses est actuellement de 1,800 francs par an. En outre, les boursiers sont logés par les soins de l'administration.

Le personnel enseignant est nommé par le Gouverneur général, sur la présentation du Recteur. Il comprend des professeurs français et des professeurs musulmans. Les professeurs musulmans sont recrutés, autant que possible, parmi les anciens élèves diplômés de la division supérieure.

Quant aux professeurs français, ils doivent justifier de la possession d'une licence ès-lettres ou ès-sciences.

Chaque médersa est administrée par un des professeurs français désignés par le Gouverneur général sur la présentation du Recteur, et qui prend le titre de directeur.

Il reçoit, à ce titre, un préciput spécial de direction.

A la fin de chaque année scolaire, le Directeur adresse au Recteur, qui le transmet, avec ses observations, au Gouverneur général, un rapport détaillé sur la marche des études, les résultats obtenus par chaque élève, les incidents intérieurs, etc....

Un fonctionnaire désigné directement par le Gouverneur général est appelé à visiter les médersas tous les ans, à titre d'inspecteur général. Il assiste aux différents cours et fait connaître son avis sur le personnel enseignant, les méthodes employées, les résultats obtenus.

Aux termes de l'arrêté du 1er août 1895, le certificat d'études des médersas est exigé pour exercer, en territoire civil, les fonctions de : aoun, hezzab, muezzin, thaleb dans les écoles primaires, oukil, khodja et adel. Les fonctions de bachadel, d'immam, de cadi, de muphti sont réservées aux anciens élèves pourvus du diplôme d'études supérieures.

III

Enseignement Professionnel.

L'organisation d'un enseignement professionnel à l'usage des indigènes soulève un des problèmes les plus importants en même temps que les plus difficiles qui se posent, en Algérie, où, cependant, tant de questions complexes sollicitent l'attention et les efforts de l'Administration française.

L'un des plus importants, car de sa solution dépendent, pour une grande part, la prospérité de près de cinq millions de musulmans que la France s'est donné mission d'appeler à la civilisation, et le développement économique de l'Algérie tout entière.

L'un des plus difficiles, car un genre de vie, des besoins, des mœurs et des traditions essentiellement différents des nôtres, s'opposent à ce que les institutions qui, appliquées à des Français, donnent les meilleurs résultats, soient transportées telles quelles dans le milieu indigène où elles seraient, le plus souvent, incapables de jouer normalement ou inopérantes.

Sans doute, serait-il exagéré d'avancer qu'aucun indigène ne saurait tirer profit des institutions destinées aux Européens et il n'est pas niable, par exemple, que certains sujets bien doués et ayant déjà évolué au contact de la société française, puissent suivre avec avantage les cours d'écoles techniques telles que l'Ecole coloniale d'Arts et Métiers de Dellys; mais ce sont là des exceptions sur lesquelles il serait aventureux de tabler pour dresser un programme général d'enseignement professionnel à l'usage des Indigènes. Elles ne doivent être interprétées que comme une raison d'ouvrir aux indigènes, qui en sollicitent l'accès, les portes de tous les établissements enseignants créés pour les Français, au besoin en modifiant, dans la mesure du possible, en ce qui les concerne, le régime de ces établissements, sans faire oublier que les tentatives d'assimilation hâtive, dans quelque domaine que ce soit, ne peuvent manquer d'échouer et qu'il n'est pas de plus sûr moyen de réveiller des antagonismes que de vouloir, prématurément, faire abstraction des divergences de mœurs et de traditions.

La lenteur avec laquelle se propagent, au sein de la population rurale indigène, les méthodes rationnelles de culture appliquées par les colons européens d'Algérie, lesquels, cependant, vivent au milieu des indigènes et les emploient sur leurs terres, à l'exclusion presque complète de toute autre main-d'œuvre, montre à quel point l'exemple journalier lui-même est difficilement suivi, quand il n'est pas accompagné d'une action éducative spécialement adaptée au milieu.

C'est en vue d'assurer cette action éducative qui doit être préalable ou tout au moins concomittante à toute tentative de spécialisation professionnelle, que la Direction des Affaires indigènes a récemment élaboré un programme de création de centres d'éducation professionnelle à l'usage des indigènes, dans les communes mixtes.

Ces centres sont essentiellement des milieux et des foyers de vulgarisation ayant pour objet :

1° De propager parmi les fellahs et les artisans indigènes nos méthodes de culture et nos procédés de travail les plus simples et les plus rationnels;

2° De fournir à ces fellahs et à ces artisans, des moyens de culture et de travail qui leur permettent de tirer parti des connaissances acquises, de régulariser et d'accroître leur production.

Ce qui fait l'originalité de la conception de ces centres d'éducation professionnelle, c'est que, placés au milieu même de la population indigène, ils ne constituent pas des écoles proprement dites, dont l'enseignement ne bénéficie qu'aux rares élèves qui les fréquentent. En dehors du cours d'agriculture ou des cours d'apprentissage des métiers manuels les plus courants dans la vie rurale, professés au siège et sur le domaine du centre d'éducation professionnelle, ce nouvel organisme est outillé pour donner à domicile, sur le champ même des indigènes, en plein douar, un enseignement pratique et propager l'emploi des araires français et des méthodes rationnelles de culture.

Ces centres comprennent, à cet effet, des chefs de culture et, le cas échéant, des maîtres-ouvriers, tenus de résider chacun en tribu, dans un secteur de quelques douars, spécialement désigné à son activité, et d'en parcourir les différentes parties en donnant aux indigènes, à titre absolument gratuit, des conseils et des indications sur les procédés qu'ils doivent employer pour améliorer leur production.

La souplesse de cette organisation est évidente. Au siège du centre d'éducation professionnelle, tous les indigènes qui le désirent peuvent venir, par roulement, faire un stage de quelques jours ou de quelques semaines, pour perfectionner leur formation professionnelle. Non seulement ce stage ne leur coûte rien, mais il leur rapporte, car, considérés comme apprentis, ils reçoivent un salaire journalier. Rentrés chez eux, ils reçoivent encore les conseils des chefs de culture ou maîtres-ouvriers détachés en tribu, lesquels s'assurent qu'ils n'oublient pas l'enseignement pratique reçu pendant le stage, sans, du reste, consacrer exclusivement à ces anciens apprentis leur activité et leur influence qu'ils doivent exercer sur l'ensemble de leur secteur.

Appliquée à l'agriculture que pratiquent, comme fellahs ou khammès, la très grande majorité des indigènes, cette institution ne peut manquer d'amener un plus large et plus complet défrichement, une meilleure utilisation de la terre, et, rapidement, un accroissement de la production.

Pour que les indigènes ne se dérobent pas à l'action des chefs de culture, celle-ci est appuyée, du reste, sur une autre institution que tous connaissent et apprécient, car ils ont pu en mesurer les bienfaits, notamment au cours de la dernière crise de misère : les Sociétés indigènes de prévoyance, de secours et de prêts mutuels.

Désormais, partout où existera un centre d'éducation professionnelle des indigènes, les chefs de culture détachés en tribu devront renseigner le Conseil d'administration de la Société indigène de prévoyance sur la situation des fellahs; puis des prêts ayant été consentis à ces derniers, soit en nature, sous forme de bêtes de labours, d'instruments aratoires ou de grains, soit en espèces, les mêmes agents devront en contrôler l'emploi.

Ainsi l'action éducative des chefs de culture, agents de contrôle, conseillers agricoles s'appuyant sur l'action d'assistance de la Société de prévoyance, s'imposera fatalement, sans efforts, aux cultivateurs indigènes soutenus à la fois financièrement et moralement.

En ce qui concerne le développement de l'industrie, les centres d'éducation s'intéressent tout d'abord aux industries se rapportant à l'agriculture ; il faut, en effet, que les fellahs trouvent auprès d'eux des artisans capables d'effectuer les réparations courantes du fer, du bois, du cuir que nécessite un matériel agricole perfectionné.

On cherche, en outre, à développer les industries existant déjà, telles que la sparterie, la vannerie, la poterie, etc.

Enfin, des industries nouvelles, le tournage, la fabrication des balais, des sandales, par exemple, peuvent être également introduites dans les milieux indigènes.

Les centres d'éducation professionnelle, fonctionnant au

moyen de subventions allouées aux communes mixtes par la Colonie, sont placés sous la direction de l'administrateur de la commune mixte, tuteur naturel des indigènes.

Ce fonctionnaire est assisté, au point de vue technique, d'un comité consultatif composé de deux praticiens indigènes et de deux praticiens français.

La création des six premiers centres d'éducation professionnelle a été décidée par M. le Gouverneur général Steeg, au mois d'octobre dernier, dans les communes mixtes de Berrouaghia (département d'Alger), Ammi-Moussa, Zemmora et Renault (département d'Oran), Fedj-M'Zala et Oum-el-Bouaghi (département de Constantine).

Leur organisation n'est pas encore complète, car elle nécessite la construction de certains bâtiments dont les travaux ne peuvent être entrepris en hiver, mais leurs chefs de culture sont déjà entrés en fonctions dans les douars.

Six centres nouveaux seront créés au minimum chaque année, de sorte que le programme complet sera exécuté en une dizaine d'années. Cinq centres sont actuellement en voie de création. Ce sont ceux de Chellala, des Eulma, des Rirha, de Châteaudun et d'Aïn-M'lila.

Ces institutions nouvelles et originales, qui s'adressent surtout à la masse des adultes, ne feront, du reste, que compléter un ensemble d'œuvres et d'établissements d'enseignement professionnel dont les services de l'Instruction publique des indigènes, la Direction des Affaires indigènes et l'Académie d'Alger ont commencé et poursuivi la réalisation depuis de nombreuses années.

A chaque école primaire de filles indigènes, à presque toute école primaire de garçons indigènes, est annexé un ou plusieurs cours complémentaires d'apprentissage portant, pour ceux-ci, sur les métiers manuels masculins : menuiserie, ébénisterie, dinanderie, travail sur cuir, broderies en fil d'or et d'argent, etc. ; pour celles-là, sur les arts féminins : tissage des tapis à points noués ou ras, broderie et dentelles indigènes.

En outre et en dehors des établissements dépendant de l'autorité académique, la Direction des Affaires indigènes a créé ou subventionné de nombreux établissements d'enseignement professionnel.

Le tableau ci-dessous contient l'énumération des écoles et établissements appartenant aux deux catégories précitées :

Etablissements et institutions d'enseignement professionnel à l'usage des indigènes actuellement en cours de fonctionnement sous le contrôle de la direction des Affaires indigènes.

Département d'Alger :

I. — *Etablissements relevant directement du Gouvernement général et indépendants de l'autorité académique.*

1° L'école de maçonnerie et de menuiserie de Fort-National;
2° L'école de maçonnerie de Michelet;
3° L'école de menuiserie de Tamazirt;
4° L'école de vannerie d'Azazga ;
5° L'école de maçonnerie d'Azazga;
6° L'école de maçonnerie et de menuiserie de Dra-el-Mizan;
7° Le cours de fabrication de manches d'outils de La Mizrana;
8° L'atelier d'apprentissage pour la fabrication des scourtins de La Mizrana;
9° L'ouvroir indigène de Koléa;
10° L'ouvroir indigène d'Aumale;
11° L'ouvroir indigène de Lodi ;
12° Le cours de céramique indigène annexé à l'école des Beaux-Arts d'Alger;
13° Le cours de céramique de Mme Soupireau, d'Alger ;
14° L'école de poterie indigène d'Alger;
15° Ecole de menuiserie de forge de Chellala;
16° Ecole de mégisserie de Chellala.

II. — *Etablissements relevant de l'autorité académique:*

1° Ferme-école de Ben-Chicao;
2° Ecole de teinturerie indigène d'Alger;
3° Ferme-école de Taourirt-Zouaou ;
4° Cours d'apprentissage annexé à l'école de garçons indigènes de Bou-Saâda;
5° Cours d'apprentissage annexé à l'école indigène de Boghari;
6° Cours d'apprentissage annexé à l'école de garçons indigènes de Blida;

7° Cours d'apprentissage annexé à l'école de garçons de Médéa;

8° Cours d'apprentissage annexé à l'école de garçons d'Orléansville;

9° Cours d'apprentissage annexé à l'école de filles indigènes d'Alger (rue Marengo);

10° Cours d'apprentissage annexé à l'école de filles indigènes d'Alger (rue de Lyon);

11° Cours d'apprentissage annexé à l'école de filles indigènes de Blida;

12° Cours d'apprentissage annexé à l'école de filles indigènes de Miliana;

13° Cours d'apprentissage annexé à l'école de filles indigènes d'Orléansville;

14° Cours d'apprentissage annexé à l'école de filles de Médéa;

15° Cours d'apprentissage annexé à l'école de filles indigènes d'Aït-Hichem;

16° Cours d'apprentissage annexé à l'école de filles indigènes de Chellala;

17° Cours de sparterie et de maçonnerie annexé à l'école de garçons indigènes de Chellala.

Département de Constantine

I. — *Etablissements relevant directement du Gouvernement général et indépendants de l'autorité académique.*

1° L'école de maçonnerie d'Akbou;

2° L'école de maçonnerie de la Soummam ;

3° L'école de maçonnerie et de travail du bois et du fer de Canrobert;

4° L'école de menuiserie de Sidi-Aïch;

5° L'ouvroir de Morsott.

II. — *Etablissements relevant de l'autorité académique.*

1° Cours d'apprentissage annexé à l'école de garçons de Bougie;

2° Cours d'apprentissage annexé à l'école de garçons de Constantine;

3° Cours d'apprentissage annexé à l'école de garçons de Biskra;

4° Cours d'apprentissage annexé à l'école de garçons de Guenzet;

5° Cours d'apprentissage annexé à l'école de garçons d'El-Kantara;

6° Cours d'apprentissage annexé à l'école de garçons d'El-Flaye;

7° Cours d'apprentissage annexé à l'école de garçons de Sidi-Embarek;

8° Cours d'apprentissage annexé à l'école de garçons de Barika;

9° Cours d'apprentissage annexé à l'école de garçons d'Aïn-Beïda;

10° Cours d'apprentissage annexé à l'école de filles indigènes de Bougie;

11° Cours d'apprentissage annexé à l'école de filles indigènes de Bône;

12° Cours d'apprentissage annexé à l'école de filles indigènes de Constantine;

13° Cours d'apprentissage annexé à l'école de filles indigènes de Djebala;

14° Cours d'apprentissage annexé à l'école de filles indigènes du Hamma (Constantine);

15° Cours d'apprentissage annexé à l'école de filles indigènes de Sétif.

Département d'Oran

I. — *Etablissements relevant directement du Gouvernement général et indépendants de l'autorité académique.*

1° L'école de maçonnerie de Saïda;
2° L'école de maçonnerie de Saint-Lucien;
3° L'école de maçonnerie du Télagh;
4° L'école de tapis de Bedrabine ;
5° L'école de tapis de Tlemcen (Mlle Saëton);
6° L'ouvroir indigène de Saint-Denis-du-Sig.

II. — *Etablissements relevant de l'autorité académique.*

1° La ferme-école d'Ammi-Moussa;

2° La ferme-école de Mazouna;

3° Cours d'apprentissage annexé à l'école de garçons indigènes d'Oran;

4° Cours d'apprentissage annexé à l'école de garçons indigènes de Tlemcen;

5° Cours d'apprentissage annexé à l'école de garçons indigènes de Saïda;

6° Cours d'apprentissage annexé à l'école de garçons indigènes de Relizane;

7° Cours d'apprentissage annexé à l'école de filles indigènes de Lalla-Marnia;

8° Cours d'apprentissage annexé à l'école de filles indigènes d'Oran;

9° Cours d'apprentissage annexé à l'école de filles indigènes de Nédroma;

10° Cours d'apprentissage annexé à l'école de filles indigènes de Frenda;

11° Cours d'apprentissage annexé à l'école de filles indigènes de Mostaganem;

12° Cours d'apprentissage annexé à l'école de filles indigènes de Mazagran.

Il faut joindre à ces institutions :

1° Les installations de ruchers modèles et les conférences et tournées de démonstration destinées à la diffusion des méthodes rationnelles d'agriculture chez les indigènes, effectuées chaque année au moyen de subventions accordées sur les crédits gérés par la Direction des Affaires indigènes ;

2° Les cours de taille de la vigne, de taille et de greffage de l'oranger et de l'olivier institués par la même Direction.

Ces derniers, dont la conception s'inspire des mêmes considérations que celle des centres d'éducation professionnelle, méritent, en raison de leur caractère spécial et des résultats remarquables qu'ils ont déjà donnés, une mention particulière.

Chaque année, sont recrutés, par les soins du fonctionnaire chargé d'inspecter les établissements d'enseignement professionnel à l'usage des indigènes, un certain nombre de jeunes indigènes. Placés chez les colons, ces jeunes indigènes, qui reçoivent, tant qu'il ne peuvent rendre de services réels, un salaire payé sur les crédits de la Direction des Affaires indigènes, apprennent, sous la direction de ces colons ou de leurs surveillants de cultures, la taille et le greffage de la vigne et des arbres fruitiers.

L'apprentissage dure une vingtaine de jours, au terme desquels les ouvriers formés sont toujours embauchés, soit chez les colons qui ont participé à leur apprentissage, soit chez d'autres viticulteurs ou arboriculteurs.

La valeur des expériences ainsi réalisées apparaît nettement, si l'on considère, d'une part, l'insignifiance des crédits qui y ont été consacrés jusqu'ici, d'autre part, les résultats obtenus. Des centaines de tailleurs indigènes de vigne et d'arbres fruitiers ont été ainsi formés, et leur nombre s'accroît chaque année, et les cours de taille, qui ne coûtent au budget qu'une vingtaine de mille francs par an en moyenne, permettent d'envisager, à brève échéance, la disparition de ces tailleurs de vigne étrangers, qui venaient, chaque année, passer quelques mois en Algérie et s'en retournaient ensuite dans leur pays d'origine, sans avoir rien dépensé des centaines de mille francs (un million et demi, d'après certaines évaluations) de salaires qu'ils avaient gagnés. Ces salaires, passant aux mains d'ouvriers indigènes, resteront désormais en Algérie.

Ajoutons que des tailleurs indigènes d'arbres fruitiers vont être prochainement employés à greffer, sous le contrôle des chefs de culture des centres d'éducation professionnelle, les nombreux peuplements d'oliviers sauvages situés sur les communaux de douars.

Il convient de compléter ce rapide exposé en signalant que la Direction des Affaires indigènes consacre, chaque année, d'importants crédits à l'allocation de bourses à de jeunes indigènes dans des écoles d'enseignement technique.

C'est ainsi qu'une dizaine de boursiers indigènes, en moyenne, sont entretenus à l'école coloniale d'apprentissage de Dellys, une vingtaine à l'école de préapprentissage de la rue Marengo, à Alger, et qu'un ancien boursier indigène d'enseignement secondaire poursuit maintenant, aux frais de la Colonie, ses études scientifiques à l'école d'électricité industrielle de Paris, et que deux autres ont été placés à l'école des Beaux-Arts d'Alger.

LES

SOCIÉTÉS INDIGÈNES DE PRÉVOYANCE

DE SECOURS

ET DE PRÊTS MUTUELS DE L'ALGÉRIE

Dans un pays comme l'Algérie où, tantôt la sécheresse, tantôt les invasions de sauterelles, sont des causes de disette, les indigènes ont toujours eu l'idée de mettre en réserve, pour les années maigres, l'excédent des années grasses.

Ils constituaient ainsi des silos de réserves qui, dès les premières années de la conquête, furent signalés par nos généraux comme se rencontrant dans de nombreuses tribus.

En 1846, un officier d'état-major, le capitaine Lapasset, voyant l'état de misère des populations indigènes après une année d'extrême sécheresse, fut frappé des avantages qui pouvaient résulter, aux points de vue politique et économique, de l'organisation des silos. Il eut l'idée d'en opérer le groupement autour de nos établissements militaires et d'en confier la gestion aux caïds, sous le contrôle des officiers des bureaux arabes, avec la haute surveillance de la Commission consultative municipale.

La première famine qui survint après la conquête française, celle de 1866-1867, due à une sécheresse persistante, démontra, cependant, que les silos de réserve alimentés, suivant les principes charitables du Coran, par des dons volontaires, étaient insuffisants.

A cette époque, de nombreux indigènes moururent de faim, faute de secours. L'administration, émue de ces ravages auxquels elle avait assisté impuissante, s'occupa de réglementer et de développer l'institution des silos des pauvres. Les commandants de cercles provoquèrent des souscriptions, et aussitôt ils furent remplis par les dons en nature des grands chefs et des notables.

Le général Liébert, qui commandait la subdivision de Miliana, encouragé par le succès de ces silos, conçut une plus vaste idée, celle d'organiser, sur une plus grande échelle, des sociétés indigènes, à la fois organismes de crédit et de secours, destinées, non seulement à venir en aide aux malheureux en cas de disette, mais aussi à avancer les semences aux cultivateurs qui pourraient en manquer, et même à leur faire des prêts en argent, grâce aux capitaux que procurerait la conversion en numéraire d'une partie des approvisionnements de grains.

Cet officier général prépara des statuts destinés à faire fonctionner une société de cet ordre dans sa subdivision. Le maréchal de Mac-Mahon, gouverneur général, l'autorisa, en 1869, à tenter l'expérience pour une année et soumit à l'appréciation des chefs de cercle, un projet de décret définissant le rôle et le fonctionnement des sociétés de secours et de crédit mutuel.

L'insurrection de 1870 arrêta momentanément le développement de cette institution.

Ce ne fut qu'en 1875 que l'œuvre fut reprise. L'attention de l'autorité militaire se porta à nouveau sur les sociétés indigènes de crédit et de secours. Il en fut créé une en 1874, dans le cercle de Boghar ; une autre, en 1875, dans le cercle de Médéa ; une troisième et une quatrième, en 1876, dans l'annexe d'Alger et dans le cercle d'Orléansville. Cependant, un plan d'ensemble faisait défaut : certaines institutions gardaient le caractère des anciens silos, d'autres avaient transformé en argent leurs réserves de grains.

Ce fut là une des préoccupations de M. le Gouverneur général Tirman. Comme c'est surtout dans les heures de détresse générale que l'usure sévit avec le plus d'intensité, il prescrivit, tout d'abord, l'organisation de réserves capables, en cas de désastre, non seulement d'alimenter la population, mais encore de lui assurer la prochaine campagne agricole. On arriva bientôt à considérer les silos de réserve comme insuffisants, car les réserves en nature ne sauraient augmenter au delà d'une certaine limite, par suite de l'impossibilité de conserver les grains pendant plusieurs années sans un déchet considérable.

La nécessité se fit donc sentir d'adjoindre aux silos une caisse alimentée par des cotisations en argent et par le produit de la vente de grains.

C'est sur ce principe que furent organisées, dès 1882, des sociétés de prévoyance et de prêts mutuels dans les communes mixtes de Palestro et de Boghari. M. Tirman ordonna qu'il en fût créé une semblable dans chaque commune mixte du département d'Alger (1882). Le terrain lui sembla, là, mieux préparé par les essais qui y avaient été déjà tentés; il voulut, autant que possible, écarter toute chance d'insuccès ; c'est ce qui explique la mesure partielle qu'il résolut et qui réussit pleinement. Dès lors, il était prêt à généraliser l'œuvre si largement entreprise. La lettre du 29 mai 1884, dans laquelle il fit part de sa résolution à MM. les Préfets, est décisive : « Les « communes mixtes, écrivait le Gouverneur général, doivent « être pourvues, sans exception, d'une Société de prévoyance « et de prêts mutuels. J'attache une très grande importance « à ce que ces institutions soient assez fortement organisées « et assez riches pour se trouver en mesure, non seulement « d'avancer aux indigènes, en temps ordinaire, des fonds qu'ils « seraient obligés d'emprunter à des usuriers, mais encore de « remplacer, dans les époques calamiteuses, le système des « emprunts contractés par les douars sur garantie de leurs « biens communaux. La présente campagne agricole semble « devoir donner généralement de très beaux résultats; il y « aura donc lieu, d'une part, de renouveler, en les augmentant « s'il est possible, les provisions de grains des silos de ré- « serve; d'autre part, d'opérer, au profit des caisses indigènes « de prévoyance et de prêts mutuels, des perceptions plus « fortes qui, sans obérer les contribuables, constitueront à « leur profit une véritable assurance pour l'avenir. Je vous « prie de vouloir bien appeler l'attention de MM. les Admi- « nistrateurs des communes mixtes sur cette question des « sociétés indigènes de prévoyance, laquelle me paraît pouvoir « être définitivement résolue dans le cours de la présente an- « née. »

Le succès dépassa toutes les espérances; les sociétés se multiplièrent avec une extrême rapidité et représentèrent bientôt un ensemble de ressources considérables. Les avantages offerts étaient, en effet, de nature à grouper de nombreux adhérents; en transformant en argent le grain aux prix du cours et en faisant entrer le produit dans une caisse commune, on aurait un capital productif d'intérêts et on pourrait, au moment opportun, racheter, soit pour la consommation, soit pour les semences, les grains dont on aurait besoin. En définitive, on supprimait les risques; on avait la certitude de pouvoir obtenir, le moment venu, des produits sains; on facilitait les prêts remboursables en nature au moment de la récolte, et enfin, par le jeu d'intérêts raisonnables, on donnait à la caisse un surcroît de développement.

En 1886, à la date du 31 décembre, il existait quarante-quatre sociétés indigènes de prévoyance, le nombre des sociétaires étant de 60,293 et le montant de l'actif social de 1 million 698,322 francs.

En 1890, le nombre des sociétés était de 75 ; celui des sociétaires de 185,090 et le montant de l'actif social de 3,788,593 francs. Toutes ces sociétés indigènes de prévoyance avaient à peu près calqué leur organisation sur celle de Miliana.

Mais, si, jusqu'à cette époque, l'institution des sociétés indigènes était encouragée, ces établissements n'avaient qu'une existence de fait. Ils ne pouvaient pas mettre leurs grosses disponibilités en sécurité dans les caisses de l'Etat. Tous les fonds accumulés étaient rassemblés dans une caisse, sans profit pour personne, et étaient la cause d'une grosse responsabilité pour les trésoriers. Le Gouvernement général jugea que le moment était venu de consolider l'œuvre dont il avait suscité le développement. Pour cela, il considéra que la définition légale des sociétés existantes et leur reconnaissance comme établissements d'utilité publique étaient les meilleures améliorations à apporter à l'organisme déjà créé.

Quelques-uns avaient pensé que la transformation de ces sociétés en banques agricoles indigènes réaliserait un progrès économique considérable. Mais cette conception ne tenait pas compte de l'esprit des populations indigènes et des prescriptions de la religion coranique qui interdit le prêt à intérêt.

Il importait donc, au premier chef, de conserver aux sociétés le caractère d'institutions de bienfaisance.

Ce caractère fut consacré par la loi du 14 avril 1893, qui a fixé le statut légal des sociétés en donnant un cadre juridique à une institution peu à peu élaborée par la coutume. La loi donne à ces établissements la capacité nécessaire pour la bonne gestion de leurs intérêts : reconnus comme établissements d'utilité publique, ils peuvent ester en justice et obtenir l'assistance judiciaire, posséder, contracter des emprunts, recevoir des dons et subventions, placer leurs fonds libres à la Caisse des dépôts et consignations en compte courant disponible.

Il y a une société par commune, avec autant de sections qu'il y a de douars ou de tribus dans la commune. Chaque société est administrée par un Conseil formé de membres indigènes en nombre égal à celui des sections. Le président de ce Conseil est nommé par le Préfet du département sur une liste de trois membres présentés par le Conseil municipal en commune de plein exercice ou par la Commission municipale en commune mixte.

L'approbation des statuts est accordée par arrêté du Gouverneur général pris en Conseil de Gouvernement. Toutes les fonctions administratives sont gratuites : celles de trésorier, de secrétaire du Conseil d'administration ou de la djemâa exceptées. Les agents des finances exercent leur contrôle sur les Sociétés indigènes de prévoyance; il est également institué, dans chaque département, une commission de surveilance composée du préfet, de l'inspecteur des finances et du directeur des Contributions diverses.

Les communes sont tenues de fournir aux sociétés les locaux nécessaires à leurs réunions et les emplacements pour l'établissement de silos-magasins.

Quant au but assigné aux Sociétés indigènes de prévoyance, de secours et de prêts mutuels de l'Algérie, il consiste à venir en aide, par des secours temporaires, aux indigènes ouvriers agricoles, cultivateurs pauvres, gravement atteints par les maladies ou les accidents ; à permettre, par des prêts annuels en nature ou en argent, aux indigènes fellahs ou khammès, de maintenir et de développer leurs cultures, d'améliorer et d'augmenter leur outillage et leurs troupeaux; à consentir, jusqu'à concurrence du dixième de leurs fonds disponibles, des prêts à d'autres sociétés indigènes de prévoyance ; à contracter des assurances collectives contre l'incendie des récoltes, la grêle, les accidents.

Il leur est interdit de s'associer entre elles.

Après ce coup d'œil sur l'origine et le rôle de l'institution, il n'est pas sans intérêt de mesurer le chemin parcouru. Au 30 septembre 1900, c'est-à-dire sept ans après la reconnaissance légale, on comptait 135 sociétés indigènes de prévoyance réunissant 338,339 sociétaires et un actif de 8,777,864 fr. 73.

A la date du 31 décembre 1919, le nombre des sociétés était de 219, savoir : 126 dans les communes de plein exercice et 93 dans les communes mixtes ou indigènes. Dans ce nombre figure une société créée en 1917 dans la commune de plein exercice de Tocqueville (Constantine).

Ces 219 sociétés comprennent, à la même date, 558,425 membres. Au 31 décembre 1915, le nombre des sociétaires était de 513,327, ce qui représente, pour une période de quatre ans, une augmentation de 45,098 adhérents.

L'actif total des sociétés, qui s'élevait, à l'expiration de l'exercice 1915, à 28,582,320 fr. 23, atteignait, au 31 décembre 1919, 36,588,986 fr. 43, d'où une augmentation de 8 millions 006,666 fr. 20, soit une plus-value moyenne de 2 millions par an.

Au 31 décembre 1920, le nombre des établissements était resté stationnaire, mais leur effectif était passé à 579,341 adhérents. L'actif total se montait à 41,142,747 fr. 22, d'où une augmentation de 4,553,760 fr. 79.

Comment expliquer une fortune aussi rapide, alors que les sociétés indigènes de prévoyance se sont constituées sans première mise (ce sont les cotisations des sociétaires qui forment seules le fonds social), qu'elles n'ont nullement pour but le lucre, puisqu'elles ne distribuent pas de dividende à raison des versements individuels et qu'enfin ces versements eux-mêmes cessent, sauf dans des cas nettement déterminés, d'appartenir aux intéressés pour devenir le bien de la Société, sa propriété commune, indivisible ? On doit voir la vraie cause de ce succès dans le principe charitable sur lequel est basée l'institution; l'aide mutuelle qui est, avons-nous dit, un devoir étroit entre musulmans, l'a rendue immédiatement populaire; on ne faisait, en effet, qu'utiliser, en l'améliorant, une de leurs coutumes les plus respectées. Mais s'il est permis de mêler une idée profane à ce sentiment pieux, il faut reconnaître combien a été efficace l'action des administrateurs dans les deux territoires civil et de commandement; les populations indigènes ont en eux une confiance absolue et savent que leurs intérêts ne peuvent être mis en de meilleures mains.

Pendant les quinze premières années qui ont suivi celle de leur formation (1886 à 1900), les sociétés de prévoyance se sont bornées, à peu près exclusivement, en dehors des secours reconnus indispensables, à consentir à leurs adhérents des prêts destinés à l'entretien des cultures. Les prêts ont toujours été et sont d'ailleurs encore consentis à courte échéance, ordinairement pour la durée d'une campagne agricole, sauf remise à l'année suivante, si les emprunteurs sont hors d'état de s'acquitter. Ils produisent intérêt à 5 % l'an, et sont représentés par des grains ou par une somme d'argent. Les denrées et le numéraire sont fournis par les réserves de la Société.

Le fonds social est constitué par les cotisations annuelles des adhérents. Ces cotisations consistent, au gré des intéressés, en des versements en nature ou en epèces. Les grains ainsi amassés sont enfermés dans des silos collectifs et employés, le moment venu, tant à l'alimentation qu'aux ensemencements. Les indigènes qui ont apporté à la Société leurs cotisations en nature au moment de la récolte, viennent les retirer en tout ou partie quand il faut ensemencer. Le prix des céréales ayant augmenté dans l'intervalle, la Société procure ainsi aux adhérents une réelle économie.

On doit reconnaître cependant que la réserve en nature n'est pas pratiquée partout où elle pourrait l'être. Les raisons en sont diverses. Il n'entre pas dans le cadre de cette étude de les exposer en détail. En dehors des périodes de crise économique qui, malgré tout, sont rares, la constitution de réserve en argent présente de sérieux avantages. Elle permet aux indigènes d'acheter le matériel agricole et le cheptel de travail qui leur est nécessaire et de se procurer des semences, lorsque celles des silos sont épuisées.

Deux autres séries de prêts sont ouvertes dans les pays à grande culture de céréales : aux mois d'avril et de mai, mois difficiles, où les provisions particulières sont épuisées, le grain plus rare, les cours plus élevés, les Conseils d'administration font des avances, grâce auxquelles les indigènes ne sont livrés, ni à des privations, ni aux exigences des marchands. Les derniers prêts de la campagne ont lieu au moment même de la récolte, et cette fois, en numéraire. Le temps presse; il faut moissonner et battre; certains frais s'imposent; si la Société de prévoyance n'en faisait pas l'avance, ce serait l'usure qui s'en chargerait; mais, vu l'urgence et la rareté de l'argent, elle prendrait cent pour cent d'intérêts pour un ou deux mois.

Au cours de l'exercice 1920, les prêts faits aux sociétaires se montent à 19,342,970 francs; les intérêts de ces prêts, à raison de 5 %, ont rapporté aux sociétés la somme de 326,190 fr. 71. En multipliant ce chiffre par le coefficient 4, le taux de 20 % étant le plus modéré en matière usuraire, on juge de l'économie procurée aux indigènes par les sociétés de prévoyance.

L'augmentation croissante de la fortune des sociétés indigènes leur a permis de contribuer à l'amélioration des cultures.

Pour répondre aux vues de leur organisateur, ces établissements devaient avoir pour premier soin de former un fonds capable de nourrir sur le sol même de leurs tribus les fellahs et pasteurs indigènes éprouvés par une année calamiteuse. On allait ainsi épargner aux populations malheureuses les tourments de la faim et cet exode vers les villes et centres où elles apportaient, avec le spectacle de leurs souffrances, la menace du typhus. De plus, en leur fournissant, par des prêts puisés dans leurs propres économies, les moyens de réparer leurs pertes, on leur conservait la terre dont ils vivent, à laquelle ils sont attachés par la nature et l'habitude, et sans laquelle ils ne sont plus que des épaves et un danger public. Cette partie du programme inscrit dans la loi du 14 avril 1893 une fois accomplie, l'administration a abordé résolument, sur les instructions de M. Jonnart, celle qui tend à améliorer l'outillage agricole, à développer les cultures, à protéger et augmenter le troupeau.

Il s'agissait d'abord d'amener les petits fellahs à renoncer à leur araire primitif, instrument commode, mais d'un travail très imparfait, pour adopter une charrue perfectionnée.

Les sociétés de prévoyance se sont employées, avec succès, à favoriser chez les petits agriculteurs indigènes, la transformation du matériel agricole et l'extension des cultures qui en est la conséquence immédiate. C'est à des milliers que l'on peut évaluer aujourd'hui le nombre de charrues perfectionnées mises en mouvement à l'aide des avances de nos sociétés. Celui des herses est en proportion, car les fellahs ont vite reconnu l'avantage qu'il y avait à remplacer par cet instrument la planche ou les broussailles traînées par une bête, qui leur servaient à recouvrir le grain ensemencé.

En outre, usant des facilités que leur laissait la loi, les sociétés indigènes ont, en grand nombre, contracté des assurances collectives contre l'incendie des récoltes, la grêle, les accidents. D'autres progrès peuvent être enregistrés à leur actif : création de pépinières, plantations et greffage d'arbres utiles, établissement d'abris provisoires et d'approvisionnements pour le bétail.

Les sociétés indigènes de prévoyance ont montré, au cours des événements de l'année 1920, ce qu'elles pouvaient faire pour conjurer les effets des crises économiques, tant par la distribution de secours que par la remise d'avances aux indigènes.

Dans ce dernier ordre d'idées, il est intéressant de souligner que ces établissements ont pu procurer des quantités importantes de grains de semences aux fellahs nécessiteux. Les prêts consentis dans cette période ont été considérables. C'est ainsi que les recettes à recouvrer qui étaient, au 31 décembre 1919, de 8,422,318 francs passent, au 31 décembre 1920, à 20,819,037 fr. 65.

En résumé, les sociétés indigènes de prévoyance, remplissant intégralement la mission qui leur est dévolue en période de perturbations économiques, ont contribué de la façon la plus agissante et la plus efficace à conjurer la crise qui a sévi sur l'agriculture indigène. C'est grâce à leur effort que les fellahs, bénéficiant de ces intéressants organismes, ont pu pourvoir à leurs semailles et emblaver des superficies relativement importantes qui, en raison de la récolte abondante de 1921, ont amélioré considérablement la situation économique de l'Algérie et ainsi, a été heureusement sauvegardée la continuité de la production agricole des indigènes, continuité sans laquelle une véritable catastrophe eût été à redouter.

Deux observations essentielles semblent, toutefois, devoir trouver place ici.

L'actif des sociétés indigènes de prévoyance a bénéficié,

ces temps derniers, d'un accroissement important, par suite des subventions du budget de la Colonie.

D'autre part, ainsi qu'on vient de le voir, le chiffre des prêts consentis a augmenté, en 1920, dans des conditions importantes, et il est à craindre qu'un grand nombre ne soit irrecouvrable.

Il n'en demeure pas moins établi que les sociétés de prévoyance ont toujours prêté un concours des plus efficaces aux indigènes, et qu'elles ont contribué, dans une large mesure, à assurer leur bien-être en réalisant le programme économique tracé par la loi du 14 avril 1893.

Ainsi, ces associations ont justifié le précieux éloge qu'a fait d'elles M. le Député Jules Legrand, rapporteur du Budget de l'Algérie, pour l'année 1905, lorsqu'il a dit qu'elles sont « une des plus belles œuvres que la France ait accomplies dans ses colonies ».

ORGANISATION

DE

L'ASSISTANCE MUSULMANE EN ALGÉRIE

---

§ 1er. — Assistance médicale.

Au moment de la conquête, l'Algérie ne possédait aucune institution d'assistance médicale. L'art de la médecine était exercé librement soit dans les villes, soit dans les tribus. Il n'exigeait, de la part des toubibs et des matrones, aucune autre préparation que quelques connaissances empiriques combinées avec certaines pratiques de sorcellerie.

Dès l'arrivée de nos soldats, se créèrent des ambulances, puis des hôpitaux d'abord exclusivement réservés à nos troupes, mais bientôt ouverts aux civils, européens et indigènes. L'admission de ces derniers fut prononcée, notamment en 1845, par un arrêté du ministre de la Guerre. Plus tard, on installa dans les villes importantes des hôpitaux civils, dans lesquels furent reçus, au même titre que les nationaux, les étrangers et nos nouveaux sujets musulmans. Depuis, les malades des trois catégories ont toujours trouvé dans nos hôpitaux les mêmes soins et ont été l'objet, de la part de nos praticiens, du même dévouement.

Mais, d'une part, les hôpitaux civils et mixtes, répartis sur le territoire de la colonie à de grandes distance les uns des autres, étaient en nombre insuffisants eu égard à la population musulmane, en même temps que leur situation, dans les grands centres, les mettait hors de la portée des indigènes, qui habitaient, en majeure partie, dans les douars; d'autre part, le régime auquel y étaient soumis les malades était très éloigné des habitudes et des conditions d'existence de nos sujets musulmans ; ceux-ci redoutant le plus souvent l'isolement au milieu des malades européens dont la langue et les mœurs ne leur étaient pas familières, hésitaient à se soumettre à un régime alimentaire que leur religion interdisait. Aussi, beaucoup d'entre eux se privaient des soins médicaux pour se livrer aux pratiques dangereuses des empiriques.

Ces inconvénients amenèrent, dès 1874, le Gouverneur général Chanzy à créer, à Saint-Cyprien-des-Attafs, dans le département d'Alger, un hôpital exclusivement réservé à nos sujets musulmans et construit à l'aide de subventions alors allouées à l'archevêque d'Alger, le cardinal Lavigerie. Sous le gouvernement de M. Cambon, des contrats furent passés avec le Procureur général des missions d'Afrique pour la création d'autres hôpitaux du même genre. Ces établissements, dirigés par les missionnaires et au nombre de cinq, sont placés sous le contrôle de l'administration.

Mais ces hôpitaux étaient loin de répondre aux besoins des populations indigènes.

Les médecins de colonisation avaient peu souvent l'occasion, en dehors des transports judiciaires, de se rendre dans les douars de leurs vastes circonscriptions médicales. Ils donnaient seulement des consultations au chef-lieu de leur résidence ; les hôpitaux indigènes, bien que répondant mieux aux besoins des populations musulmanes que nos grands établissements hospitaliers, présentaient, au point de vue pratique, l'inconvénient d'être trop coûteux et de ne pouvoir être installés sur de nombreux points.

Le programme élaboré par M. Jonnart devait permettre de doter les indigènes des douars aussi bien que des villes, d'un système d'assistance médicale mettant, pour ainsi dire, à leur portée et à l'aide de ressources budgétaires relativement peu importantes, les conseils des praticiens et les médicaments.

Ce programme, complété depuis, comporte, dans ses grandes lignes :

1° L'installation d'infirmeries indigènes spéciales aux indigènes sur tous les points où le besoin s'en fait sentir;

2° L'institution de cliniques à l'usage des femmes et enfants dans les principaux centres, sous la direction de doctoresses chargées, en même temps, d'un service de consultations gratuites;

3° L'organisation d'un service de consultations gratuites, tant dans les villes que dans les douars, avec distribution de médicaments à titre également gratuits;

4° L'installation d'un service spécial destiné à combattre les ophtalmies;

5° L'extension du service des vaccinations et revaccinations.

Les infirmeries indigènes sont installées dans des immeubles communaux construits à l'aide de subventions de la Colonie. Elles comprennent généralement deux salles comportant 10 à 12 lits pour les hommes et 6 à 8 lits affectés aux femmes et aux enfants, une cuisine, une chambre pour l'infirmier, une, le cas échéant, pour l'infirmière; une salle servant à la fois de pharmacie et de salle de consultations, voire d'opérations, pour le médecin; une salle de bains et des water-closets. Leur fonctionnement est assuré grâce aux crédits inscrits aux différents budgets communaux. Toutefois, la Colonie contribue à ces dépenses par l'octroi de subventions très élevées, variant suivant l'importance de l'établissement, le nombre des indigènes hospitalisés et la situation financière de la commune intéressée.

Les infirmeries indigènes sont édifiées très modestement tout en offrant les garanties de solidité, d'hygiène et de propreté, sans luxe d'aménagement ni d'ornement. Le couchage et le régime alimentaire ont été mis en harmonie avec les conditions d'existence ordinaires des musulmans. La nourriture est préparée en tenant compte des habitudes des indigènes, de leurs goûts et des exigences de leur religion. C'est, d'ailleurs, un de leurs coreligionaires qui prépare les mets.

Le service médical de ces établissements est confié, soit au médecin de colonisation rétribué sur le budget de la Colonie, soit au médecin communal.

En outre, des cliniques et des salles de consultations gratuites pour femmes et enfants indigènes et dirigées par des *femmes médecins* ont été organisées, avec l'aide du budget de la Colonie, dans les communes ci-après : Alger, Maison-Carrée, Miliana, Blida, Koléa, Bône, Bougie, Constantine, Oran, Mostaganem et Tlemcen.

Les mœurs musulmanes répugnent, en effet, à laisser examiner et soigner les femmes par des médecins hommes. La création d'établissements spéciaux aux femmes et aux enfants et dirigés par des doctoresses, a paru, dans ces conditions, devoir s'imposer en Algérie.

L'œuvre de l'assistance musulmane a été complétée, d'autre part, par l'institution du service de consultations gratuites, qui permet d'apporter jusqu'au seuil du gourbi ou de la tente les soins médicaux et les médicaments.

Un décret de 1853 a organisé, en Algérie, le corps des médecins de colonisation. Lors de la création de cette institution, ces médecins devaient, en principe, leurs soins aux malades indigents, européens ou indigènes. Mais, faute d'un service régulièrement organisé de consultations dans les douars compris dans les vastes circonscriptions médicales, ces praticiens recevaient les consultations au siège de leur résidence et avaient rarement l'occasion d'aller porter en tribu leurs soins et leurs conseils.

Actuellement et moyennant des indemnités allouées à cet effet, les médecins de colonisation ou, à leur défaut, les médecins communaux assurent le service des consultations gratuites, données à des jours déterminés, soit dans les infirmeries mêmes, soit sur les marchés ou d'autres points sur lesquels ils se rendent périodiquement. Ils reçoivent en consultation les indigènes qui se présentent et leur délivrent gratuitement les médicaments nécessaires.

Les communes reçoivent, en outre, sur le budget de la Colonie, des subventions destinées à la distribution d'acide borique pour lutter contre les affections ophtalmiques.

Enfin, aux médecins chargés d'assurer le service de l'assistance aux indigènes a été, en 1906, adjoint un corps d'auxiliaires médicaux indigènes comprenant actuellement quatre-vingt-huit membres. Ces agents, dont la mission est d'assister les médecins de colonisation soit dans les infirmeries indigènes, soit dans les consultations données dans les tribus et sur les marchés, peuvent être chargés, sous la direction et le contrôle du médecin, de distribuer et d'administrer certains médicaments, de faire un pansement préparatoire, de pratiquer les vaccinations, les lavages antiophtalmiques, et tous autres petits travaux qui sont ordinairement confiés à un infirmier expérimenté.

Les candidats aux fonctions d'auxiliaire médical sont recrutés, par voie de concours, parmi les jeunes gens de 18 à 24 ans. Ils doivent faire deux années d'études à la Faculté de Médecine et de Pharmacie d'Alger, où ils reçoivent un enseignement théorique et pratique.

Mais on reprochait à l'ancien programme des études de faire entrer les élèves dans les cliniques pour y recevoir l'instruction pratique dès la première année, avant d'avoir acquis des notions théoriques assez complètes.

D'autre part, les médecins de colonisation se plaignaient de ce que les auxiliaires médicaux, s'affranchissant le plus possible de leur contrôle, prétendaient donner des consultations médicales au risque de commettre des erreurs graves.

La nouvelle organisation fut élaborée par une commission composée de délégués financiers et de professeurs à la Faculté de Médecine nommés par un arrêté du 25 mars 1911.

Elle est surtout caractérisée par la démarcation très nette faite entre les études théoriques et pratiques. D'autre part, la réforme des études a nécessité une réorganisation du personnel enseignant. Le personnel comprend : 1° un directeur des études qui a la haute main sur la marche générale des études, répartit les stagiaires entre les établissements hospitaliers, inspecte les auxiliaires médicaux en fonctions ; 2° un répétiteur des cours ; 3° un pharmacien chargé de l'enseignement des notions de la spécialité.

En résumé, les infirmeries, cliniques et services de consultations gratuites et de distribution de lotions anti-ophtalmiques forment, dès à présent, un système très étendu d'assistance médicale dont bénéficie la population musulmane de l'Algérie.

Les dépenses occasionnées par les différents services dont il vient d'être parlé, se sont élevées, en 1920, à la somme de 878,850 francs.

79 infirmeries indigènes, comprenant 1,169 lits, ont reçu, pendant la même année, 8,898 malades, dont 5,500 hommes et 3,398 femmes et enfants. Le nombre des consultations médicales gratuites données dans les infirmeries, dans les douars et sur les marchés, s'est élevé à 418,007.

Mais l'administration a estimé qu'elle ne devait pas borner son effort aux résultats déjà atteints.

Sur son initiative, les Assemblées algériennes ont voté le

principe d'un prélèvement de 20 millions sur le produit du troisième emprunt colonial, pour l'œuvre de l'assistance musulmane.

Un crédit de 1,080,000 francs a été inscrit pour cet objet au budget extraordinaire de 1922. Il sera affecté à la construction de nouvelles infirmeries.

Il y a tout lieu d'espérer que la mise à exécution de ce nouveau programme d'assistance, au sein des populations indigènes, contribuera à améliorer les conditions d'hygiène et de salubrité de nos sujets musulmans, pour le plus grand bien de l'influence française dans l'Afrique du Nord.

§ 2. — **Bureaux de Bienfaisance musulmans.**

Avant 1900, il n'existait, en Algérie, qu'un seul bureau de bienfaisance spécial aux indigènes musulmans. C'était celui d'Alger. Un asile de vieillards y était annexé. Ce bureau délivrait des secours, soit en argent, soit en nature, aux indigènes nécessiteux des communes d'Alger, Mustapha, Saint-Eugène, El-Biar et Bouzaréa.

En dehors de cet établissement et de l'asile des vieillards de Tlemcen, aucun autre bureau de bienfaisance spécial aux indigènes n'avait été organisé sur le territoire de la Colonie.

Les indigènes des villes étaient secourus, il est vrai, par les bureaux de bienfaisance européens, dans lesquels ils avaient plus difficilement accès quand ils ne parlaient pas le français. Mais des critiques étaient formulées contre ce mode d'assistance : on lui reprochait, notamment, de ne pas faire aux indigènes, dans la distribution des secours, une part proportionnée à leur importance numérique.

Pour remédier à cet état de choses, le Gouvernement général décida, en février 1903, la création de bureaux spéciaux aux indigènes algériens.

Ces établissements sont administrés par une commission composée de membres français et indigènes, en nombre égal et présidée par un notable ou un fonctionnaire français. Les fonctions de trésorier sont remplies, en principe, par les receveurs des Contributions diverses, moyennant de simples remises.

Les ressources des bureaux de bienfaisance musulmans se composent de droits perçus sur les fêtes indigènes, du produit des collectes et souscriptions et des troncs placés dans les mosquées, des dons et legs, des subventions de la Colonie, d'une part déterminée par les préfets sur le produit du droit des pauvres et de quelques autres revenus accessoires dont le montant est de peu d'importance.

La Commission administrative est chargée de la répartition des secours dont elle dispose. Elle dirige, administre et surveille les établissements spéciaux annexés au bureau de bienfaisance, tels que les asiles pour les vieillards et les crèches pour les enfants, et pourvoit à leurs dépenses.

Un service de consultations gratuites est annexé aux bureaux de bienfaisance.

En principe, ont droit aux aumônes, après admission par la Commission administrative, tous les malheureux originaires du territoire de la commune où est institué le bureau ou ceux qui y ont acquis le domicile de secours. Les secours sont ordinaires et annuels pour certains infirmes, les vieillards, les enfants orphelins ou abandonnés. Ils sont extraordinaires pour les malades, les blessés, les femmes en couches, les mères nourrices. Ils consistent en bons de denrées ou en sommes d'argent.

Parfois aussi, les bureaux de bienfaisance musulmans pourvoient à l'éducation des enfants orphelins et facilitent aux enfants pauvres l'apprentissage d'un métier par l'attribution de bourses.

Il existe, à l'heure actuelle, vingt-huit bureaux spéciaux aux indigènes : la création de celui d'Alger remonte à 1857; vingt ont été créés en 1903 : ce sont ceux de Blida, Bou-Saâda, Cherchell, Médéa, Miliana, Orléansville, Mascara, Mostaganem, Oran, Relizane, Sidi-bel-Abbès, Tlemcen, Biskra, Bône, Bougie, Constantine, Djidjelli, Mila, Philippeville, Sétif; deux en 1904 : ceux de Souk-Ahras et Guelma; celui de Tiaret en 1907; ceux de Ténès, Boufarik, Marnia, en 1908 ; enfin, celui de Saïda, en 1921. Ces établissements ont bénéficié, pour leur fonctionnement en 1921, des subventions de la Colonie, dont le total s'élève à 437,000 francs.

La contribution de la Colonie aux dépenses de ces établissements a augmenté d'une façon considérable, si l'on considère qu'en 1904, les bureaux de bienfaisance ne bénéficiaient que de subventions formant un total de 216,000 francs.

Alger. — Imprimerie Orientale, FONTANA FRÈRES, rue Pelissier, 3. — 6-22

www.ingramcontent.com/pod-product-compliance
Ingram Content Group UK Ltd.
Pitfield, Milton Keynes, MK11 3LW, UK
UKHW020353180726
13839UKWH00003B/1069